暦レシピ

高山なおみ

anonima st.

暦レシピ

はじめに

今日は曇り空。海が平らで、なんだかいつもより広々として見えます。晴れた日にはきらきらと眩《まばゆ》いほどに光る海ですが、ところどころ白いすじになって光るグレーの海も、とてもきれい。こんな日はしんとして、小鳥たちのさえずりもよく聞こえる気がします。

ここ神戸での私の暮らしは、窓の外の景色とともにあるけれど、思い返してみると東京での日々も同じでした。ベランダに干した布団に寄りかかりながら、公園の緑が風に揺れるのを眺めたり、うつろいゆく空をいつまでも仰いでいたり。何年たっても、そういうところはやっぱり変わらないのだなあ。

私のホームページ「ふくう食堂」で日記を書きはじめたのは、二〇〇二年の二月十六日でした。その二年後に『日々ごはん①』が刊行されるのですが、本作りのときに私は、おいしくできたうちのごはんを月に一品「おまけレシピ」として紹介しようと、元アノニマ・スタジオの編集者、丹治史彦さんと決めました。そうして『日々ごはん①』から『帰ってきた日々ごはん⑫』（二〇一九年十二月までの日記）の二十四巻分を一冊にまとめたものが、この『暦レシピ』です。

はじめのころは四十代前半、まだレストラン「クウクウ」で働いていました。スイセイと吉祥寺で暮らしていた五十七歳までは、文を書き、料理本を作り、仕事仲間や友人たちと朝まで呑んだり、ウーロン茶のCMの仕事で頻繁に中国に出張したり。映画やドラマの料理監修に夢中になっていた日々、月にいちどのペースで通っていた別荘「山の家」で生まれたレシピもあります。おでんのレシピが二度出てきたり（味つけやタネが違う）、リングイネなど穴のあいたパスタのことを、マカロニと呼んでいたり！

なにしろ本の中で、十八年間が地層のように重なり合っているので、月のはじめはいつも、シェフから料理家としてスタートした時期。拙《つたな》いながらも、どうしたら読者のみなさんにおいしくできるコツをお伝えできるだろうと、そればかりを考えて書いていました。月の終わりは神戸という土地。新しい食材、新たな友だち、ひとり暮らしの台所から生まれたレシピ。そうしてまた、吉祥寺時代へもどるのくり返し。

この本は、私が生きてきたレシピでできています。ページをめくるごとに時代が入れかわるので、もしかすると読みづらいところもあるかもしれませんが、どうかお許しください。

十八年の間には、世の中でもさまざまなことが起こりました。みなさんの生活もまた、いろいろに変わられたのではないでしょうか。それでも、どうしても、毎日食べる気取りのないごはんのおいしさというものは、そう簡単にはこわれない。

よろしかったらみなさんも、季節に合わせてこの本を暦のようにめくり、目にとまった料理を作ってみてください。巻末にはどのメニューが『日々ごはん①〜⑫』『帰ってきた日々ごはん①〜⑫』に載っているかをまとめたので、日記と読み合わせていただくと、さらに深く味わえるのではないかと思います。

最後になりましたが、カバーの絵は陶芸家・造形作家である内田鋼一さんの『KATACHI — The shape of cooking utensils』に掲載されている古い台所道具の写真を見て描きました。この場を借りて、お礼を申し上げます。

もくじ

〈調味料のこと〉

塩は粗めの海水塩、こしょうは、白こしょうの表記以外は黒粒こしょうの粗びきを使っています。

酢は米酢、みりんは本みりん、バターは無塩、オリーブオイルはエキストラバージン。

サラダオイルは米油やなたね油を使っていますが、お持ちのものでかまいません。

料理酒は甘みがついているので、飲む用の日本酒を。

コンソメスープの素はいろいろな種類がありますが、この本では「マギーブイヨン」1個4グラムのものを使っています。

＊1カップは200ml、大さじは15ml、小さじは5ml。
フライパンはほとんどがフッソ樹脂加工のものを使っています。

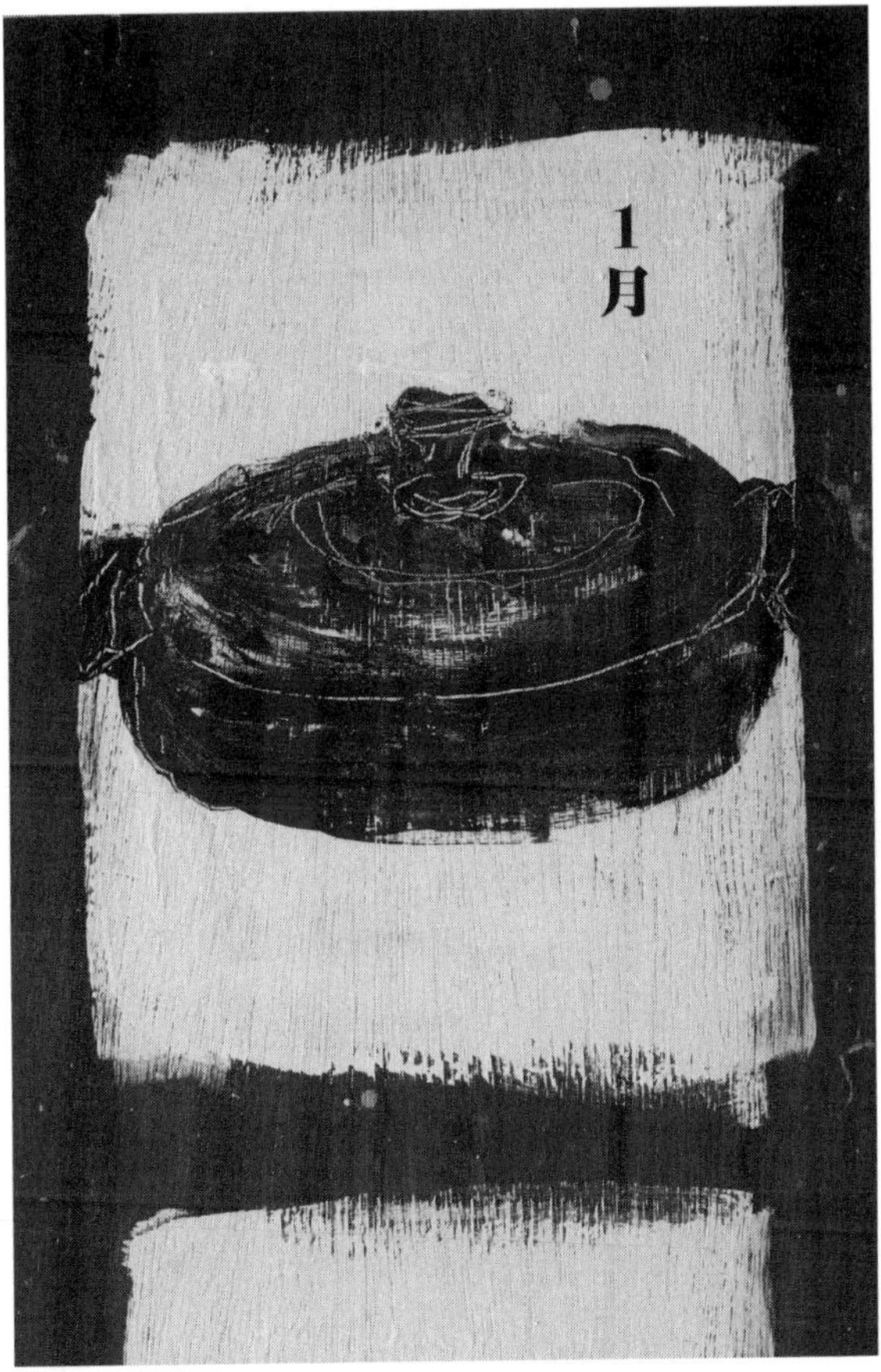
1月

ハムと蕪の葉の塩炒め

蕪の葉2株分　ロースハム5枚　にんにく1片　バター　その他調味料（2人分）

冬の蕪は硬くしまっているので、スープやみそ汁、煮込みものにするととてもおいしい。この時季、出合いものの柚子をしぼって、浅漬けにしてもおいしいものです。ところでみなさんは、実の方ばかりを使って、葉っぱはないがしろにしていませんか？　厚みがあって甘みと苦みも少しある蕪の葉は、ゆでたり炒めたりすると、とてもおいしいのです。栄養があるから食べるというのではなしに、葉っぱが食べたいから蕪を買うくらいに、私は大好きです。もしもすぐに使う予定がなかったら、実と切りはなした葉っぱを、湿らせた新聞紙か紙袋でゆったり包みます。さらにスーパーのレジ袋に入れて乾燥しないようにし、冷蔵庫に立てて入れておけば、驚くほどピンピンの状態で保存できます。

では、作り方です。蕪の葉は洗って4センチくらいのざく切りにし、ザルに上げておきます。ハムは4等分に切ってバラバラにし、にんにくは丸ごと包丁の腹でつぶしておきます。フライパンにオリーブオイルかサラダオイルを大サジ½ひいて、にんにくを炒めます。香りが出てきたらハムを軽く炒め、蕪の葉を加えてざっと炒めます（炒めるというよりも合わせるという感じ）。この時、フライパンからあふれそうな蕪の葉に酒大サジ1をふりかけ、フタをすると、一瞬のうちにかさが減ってちょうどよくしんなりします。最後にバター10グラムを加えて、塩と黒こしょうをふってざっと混ぜればできあがり。オイルを増やせばパスタにも合うし、生クリームや溶けるチーズを加えてもおいしいです。

牡蠣の酒炒り

生牡蠣1パック　その他調味量（2人分）

生食用でも加熱用でも、新鮮な牡蠣が手に入ったら、ぜひ作ってほしいレシピです。よほど新しかったら酒はふらなくてもいいくらい。牡蠣の旨《うま》みがぎゅっと濃縮された、生で食べるのとはまた違った味わいに驚くことと思います。なにしろ簡単です。基本は、牡蠣を鍋に入れて水分がなくなるまでから炒りするだけです。牡蠣は塩水でふり洗いしますが、もともとある牡蠣の塩分をいかしたいこともあり、旨みが流れてしまわないよう、くれぐれも洗いすぎないことが肝心です。これをザルに上げて、すぐに調理しはじめます。

牡蠣を小鍋にあけ、酒大サジ1をふりかけます。強火にかけ、時々火からはなして鍋をゆすりながら、箸で炒りつけます。牡蠣から、わーっと白い泡が出てきますが、気にせずに。牡蠣が縮まってぷっくりし、水分がほとんどなくなるまで炒ったら

（炒りすぎてもだめ。八分通り火が通っていればよい）できあがり。ここで風味づけにごま油を少しふってもおいしいです。器に盛って、まずはそのまま食べてみてください。好みでかぼすやすだちをしぼっても、いけます。

＊炒りつけた牡蠣にごま油をまぶしておけば、２日くらいは保存できるので、炊き込みご飯や、炒めものの具にしてもいいと思います。

簡単
ちらし寿司

米2合　お正月で残ったお刺し身、いくら、スモークサーモンなど
卵2個　青じそ10枚　細ねぎ4本　焼き海苔1枚　白炒りごま大サジ3　だし昆布5㎝角1枚　その他調味料（3〜4人分）

お正月で残ったお刺し身は、早めにヅケにしておくか、梅干しをたたいてごま油でのばしたもので和えておきましょう。そのまま食べてもいいのですが、ちらし寿司にすると目先が変わって喜ばれます。

ヅケのつけ汁は、酒大サジ3とみりん大サジ½を小鍋に入れていちど煮立て、醤油大サジ2を加えて冷まします。ごま油を少しと、ワサビ、または柚子こしょうで香りをつけますが、つけ汁がひたひたになるように、お刺し身の量によって調味料の分量を加減してください。炊飯器にといだ米を入れ、いつもより少なめに水加減してだし昆布をのせます。20分ほど浸水してスイッチオン。酢大サジ5、砂糖大サジ2、塩小サジ½を小鍋

に入れて火にかけ、砂糖を溶かして寿司酢を作ります。炊き上がったご飯をボウルにあけ、寿司酢を少しずつ加え、さっくりとしゃもじで混ぜます。切るように混ぜながら、うちわであおいでツヤを出します。炒りごまを加え混ぜ、布巾をかぶせてひと肌くらいに冷まします。柚子の残りがあったらしぼってもいいですね。その間に具の用意をしましょう。卵を溶いてきび砂糖大サジ1と塩ひとつまみを加え混ぜ、小鍋にごま油少々をひいて、弱火で炒り卵を作ります。ヅケや梅和えにしたお刺し身、スモークサーモンなどをひと口大に切り、寿司飯にざっくり混ぜます。大皿に盛って、炒り卵といくらを彩りよくのせ、ねぎの小口切りとせん切りの青じそ、細切りにした焼き海苔をちりばめます。

和風ハンバーグ、焼き蓮根と焼き椎茸添え

合いびき肉250g　玉ねぎ½個　卵1個　パン粉½カップ　牛乳大サジ2　大根3㎝　蓮根4㎝　椎茸2〜3枚　バター　その他調味料（2人分）

ふんわりめの大きなハンバーグです。硬めがお好みなら、パン粉に浸す牛乳を省いてください。つけ合わせの蓮根と椎茸は、日記の中ではハンバーグから出てきた脂で焼いていますが、ここでは先に焼いておき、焼き汁でソースを作ります。

まず、小さな器にパン粉を入れ、牛乳を加えておきます。玉ねぎをみじん切りにし、ひき肉、卵、塩、黒こしょうを加えてボウルに入れ、よく練り混ぜます。湿らせたパン粉も加え混ぜ、さらにねばりが出るまで練ります。これを2等分して大きな楕円形に（まん中を少しへこませて）。つけ合わせの蓮根は皮をむかずに6ミリくらいの厚さに切り、軽く水にさらしてザルに上げます。椎茸は石づきだけ切り落とし、軸に切り込みを入

れ、たてふたつに裂きます。フライパンにオリーブオイル大サジ1を熱し、強火で蓮根を焼きつけます。香ばしい焼き色がついて透き通ってきたら、裏面も焼いて器に盛りつけます。同じフライパンで椎茸も焼きつけてください。蓮根も椎茸も器に盛ってから黒こしょうをひくだけ、味つけはしません。フライパンをいちど洗ってきれいにし、オリーブオイル大サジ½をひいて強火でハンバーグを焼きます。片面においしそうな焼き色がついたら返し、フタをして火を弱め、中まで焼きます。ふっくらと焼き上がり、串をさして透明な肉汁が出てきたらつけ合わせを盛った器へ。焼いている間に大根をおろし、ザルに上げて水けを切っておきましょう。焼き汁に酒大サジ3を加え、強火でアルコール分を飛ばします。醤油大サジ1と½、バター10グラムを加えて少し煮つめ、ハンバーグの上に大根おろしをのせて、上からソースをまわしかけます。

中国風
茄子のみそ炒め

長茄子4本　豚ひき肉100g　にんにく1片　生姜1片　赤唐辛子1〜2本　テンメンジャン　ナンプラー　紹興酒　トリガラスープの素　その他調味料（4人分）

上海の「家常菜《ジャーチャンツァイ》（家庭料理）」の食堂で食べた料理です。麻婆茄子にちょっと似ていますが、日本のものより甘みが少なく、ほんのり魚の味が混ざっているような、みそ味のような、醤油味のような、とてもコクのあるおいしさでした。通訳のリリーさんは、「おばあさん（ウーロン茶のCMで作った料理はこの人に教わりました）もよくこれを作ってくれますけど、茄子を包丁で切らずに手で折ります。包丁で切ると鉄の匂いがつくからです」と教えてくれました。手で割りほぐすと切り口がぎざぎざになって味もしみやすいし、あんがうまくからまった茄子はとろとろになります。コツは多めの油で茄子をしつこく炒めること。コックさんは油通しをするけれど、家庭ではこのやり方で充分おいしくできます。

まず、茄子はヘタを取ってたて半分に割り（爪を立てるようにして）、さらにたてに割って、ほぐします（10センチほどの長さ）。たっぷりの水につけている間に、にんにくと生姜をみじん切り。中華鍋にサラダオイルをたっぷりめに熱して、強火で茄子を炒めます。時々混ぜながら、油を吸ってくったりするまで時間をかけてよく炒めたら、器に取り出します（ザルをかませて油を下に落とすように）。中華鍋に残った油でにんにくと生姜を炒め、香りが出てきたら、ひき肉をポロポロになるまで炒めます（とちゅうでちぎった赤唐辛子を加える）。紹興酒大サジ2をふりかけてアルコール分を飛ばし、テンメンジャン大サジ1と½を加えて炒りつけます。1カップの水、トリガラスープの素大サジ½、ナンプラー小サジ2を加えて煮立て、茄子をもどし入れてしばらく煮たら、水溶き片栗粉でとろみをつけます。

土鍋きのこご飯

米2合　舞茸1パック　えのき1袋　油揚げ1枚　だし昆布5㎝角1枚　その他調味料（3〜4人分）

西荻窪の「たべごと屋のらぼう」で、飲んだあとに必ずたのむのが土鍋の炊き込みご飯でした。初夏には新生姜たっぷりの炊き込みご飯、秋には秋刀魚、きのこ、冬は牡蠣。土鍋を買ってからは、うちでもいろいろに試しています。ところで私は、炊き込みご飯をだし汁で炊きません。だし昆布をポンとのっけて炊くだけ。具からいいだしが出るし、具の味も際立って、お米そのものの味がちゃんと味わえる気がするのです。炊き込みご飯だけを食べるのではなく、食卓にはおかずもいろいろあることですし。

まず米をといでザルに上げ、手でトントンとたたいてしっかりめに水を切り（水加減が正確にできるように）、土鍋にあけます。水の量は米と同量の360ミリリットルが基本ですが、土鍋のつくりによって吹きこぼれの多いものもあるようなので、その場合は少し増やしてください。では水加減。酒大サジ1、薄口醤油小サジ2を水に加え、360ミリリットルになるようにして土鍋に加えます。塩小サジ½とごま油大サジ1を加え、ざっと混ぜて20~30分浸水させます。浸水させている間に具の用意をします。舞茸はひと口大にちぎり、えのきは根元を切り落として半分に切り、ほぐします。油揚げは焼き網でこんがり焼いてから、たて半分にして細切りにしておきます。お米が水を吸い、片寄ってふくらんでいるところをひと混ぜし、ならしてから昆布をのせて、きのこと油揚げの具をのせます。フタをして強火にかけ、勢いよく湯気が上がってきたら弱火に落とし、10分炊いて火を止めます。10分ほど蒸らし、昆布を取り出して刻んでもどし入れ、ざっくり混ぜてできあがり。

たらこスパゲティ

スパゲティ180g　たらこ（小）1腹　にんにく¼片　バター　その他調味料（2人分）

　日記に登場するのは白菜と長ねぎ入りですが、ここではごくシンプルに、たらこのみのレシピを紹介します。スイセイの大好物なのでよく作っていましたが、あまりに身近すぎてレシピに起こしたことはありませんでした。たらこスパゲティの味のポイントは、ほんのちょっとだけ加えるおろしにんにくにあると思います。あまりに少量なので（計量してみたら2グラムでした）、食べている人には気づかれないかもしれない。でも、このにんにくが格段に味に深みを出してくれるのです。スパゲティは7分ゆでの細めのものがおすすめ。アルデンテの手前くらいでゆで上げてください。たらこの皮もおいしいので、私はよけずに使っていますが、気になる方ははずしてください。そして、ちょっと意外に感じられるかもしれないけれど、たらこはふた房つながったもののことを「1腹《ひと》」と呼びます。

大きめの鍋にたっぷりの湯を沸かし、塩を加えてスパゲティをゆではじめます。スパゲティをゆでている間に、ぶつ切りにしたたらこ、すりおろしたにんにく、バター30グラム（溶けやすいように切っておく）、黒こしょうをボウルに入れておきます。たらこはおおまかにほぐしておきましょう。このボウルに、ゆでたてのスパゲティとお玉1杯のゆで汁を加え、手早く合わせます。器に盛って、こしょうをひいたらできあがり。

＊スパゲティをゆでる時の塩とたらこの塩分があるので、味つけの塩は加えなくても大丈夫です。

神戸風
牛スジ煮込み

牛スジ肉250g　コンニャク1枚　細ねぎ　赤みそ　だし汁　その他調味料（作りやすい分量）

神戸の牛スジ煮込みは、大阪のギャラリー「空色画房《そらいろがぼう》」の打ち上げの席ではじめて食べました。甘辛くてこっくりとしたコクがあり、忘れられないおいしさでした。スジ肉と同じくらいの大きさに切ったコンニャクと、大根も入っていたような……。こってり味のそのわけは、仕上げに加える赤みそ。やわらかくゆでてから調味料を加えた方が、スジ肉に味がよくしみるというのは、六甲道のスーパー「めぐみの郷《さと》」で出会った奥さんが教えてくれました。

牛スジ肉は大きいままたっぷりの水でいちどゆでこぼし、アクを洗い流してから2、3センチ角に切ります。コンニャクも同じくらいの大きさにちぎり、水から5分ほど下ゆでしておきます。鍋に牛スジ肉とたっぷりの水（5カップが目安）を入れ、強火にかけます。煮立ったら弱火にしてアクをすくい、やわらかくなるまで1時間ほどゆでます。ここにだし汁1カップとコンニャクを加え、酒大サジ2、みりん大サジ1、きび砂糖大サジ1、醤油大サジ2で薄めに味をつけます。弱火でコトコト1時間ほど煮て味をしみ込ませたら、赤みそ大サジ1を加え、煮汁が半分以下になるまで煮込みます。器に盛って、細ねぎをたっぷり刻んでのせ、七味唐辛子をふりかけてどうぞ。

*粗熱がとれたら容器に移し入れ、冷蔵庫で1週間ほど保存できます。炊きたてのご飯にのせ、キムチと温泉卵を添えて丼にするのもおすすめ。しめじや椎茸とともに、煮汁ごと炊き込みご飯にするとまたおいしい。この炊き込みご飯には、紅生姜がよく合います。

白みそ仕立てのひとり鍋

鶏もも肉100g　白菜1枚　えのき½袋　絹ごし豆腐½丁　長ねぎ10㎝　だし昆布5㎝角1枚　トリガラスープの素　西京みそ　その他調味料（1人分）

コンロの上で煮えばなをいただく鍋ものは、ひとりだとなんとなく侘《わび》しくて気が進まないけれど、具にすっかり火を通してから食卓に出せば、なぜだかちっとも淋しく感じません。白みそ仕立てなので少し甘めのこのお鍋、お好みで、信州みそなどのクセのないみそと半々にしてもおいしいです。パンチをきかせたい時にはさらに、おろしにんにく、豆板醬、ごま油、キムチなどを加えてください。ひとり用の土鍋は、鍋焼きうどん用の小振りのものしか持っていないので、私はもっぱらル・クルーゼの直径16センチ鍋を使っています。20年来のつき合いのこのホーロー鍋で、スープも、野菜の蒸らし炒めも、グラタンも、カレーも、なんでも作ってしまいます。

鍋の六分目くらいまで水を張り（2と½カップが目安）、だし昆布を3時間ほど浸しておきます。その間に具の準備。鶏肉は4等分、えのきは根元を切り落として半分の長さに、白菜は食べやすい大きさのそぎ切り、長ねぎは斜め切り、豆腐は奴《やっこ》に切っておきます。昆布がもどったら酒大サジ1、トリガラスープの素小サジ½を加え、中火にかけます。煮立ったら鶏肉を加え、弱火でコトコト煮ます。鶏肉に火が通ったら、西京みそ大サジ2を溶き入れて味をととのえてください。白菜を加え、フタをずらしてのせ、しんなりするまで煮ます。えのき、豆腐を加えて再びフタをずらしてのせ、ぐらっときたら食卓へ。薬味は刻みねぎ、七味唐辛子または柚子こしょう。もみじおろしも体が温まります。

牡蠣のバター焼き

加熱用生牡蠣1パック（6個入り）　オリーブオイル　バター
その他調味料（2人分）

神戸で暮らすようになってから私は、加熱用の生牡蠣のおいしさに目覚めました。鉄のフライパンに薄く油を塗り、温めるくらいのつもりで表面だけ軽く焼いたものも、粉をまぶしてオリーブオイルとバターでじゅくじゅく焼いたのも、牡蠣そのものの旨みがギュッと凝縮され、たまらなくおいしい。東京では生食用と同じように、加熱用の牡蠣も塩水に浸かっていたような気がするのですが、神戸のスーパーでは、ぷっくり太った加熱用の牡蠣が、切り身魚みたいに並んでパックに入って売っているのです。きっと、近隣の海でとれるものだからよほど新鮮なのでしょう。六甲のギャラリー「MORIS《モリス》」の今日子ちゃんに連れていってもらったお好み焼き屋さんで食べた、牡蠣と豚肉のお好み焼きを、いつか再現してみたいです。確か、刻みねぎがたっぷりのっていたような。

生牡蠣は加熱用の大きめのものを選んでください。新鮮さが命なので、その日のうちに調理すること。新しいようだったら、塩水でふり洗いをしなくても大丈夫です。牡蠣の水分をペーパータオルなどでふきとり、黒こしょうをふって、薄力粉をまぶします。ヒダの部分も広げるようにして、まんべんなくまぶしてください。フライパンにオリーブオイル大サジ1を中弱火で熱し、バター10グラムを加えて、泡立ってきたら牡蠣を並べます。中火にしてじりじりと焼き、香ばしい焼き目がついたら裏返し、火を止めます。あとは余熱で充分に火が通ります。日記では醤油を落としていますが、牡蠣自体に海水の塩味がついているので、味つけをしなくても大丈夫。フライパンごと食卓に出し、ぜひ熱々を。お好みでレモンをしぼって食べてください。

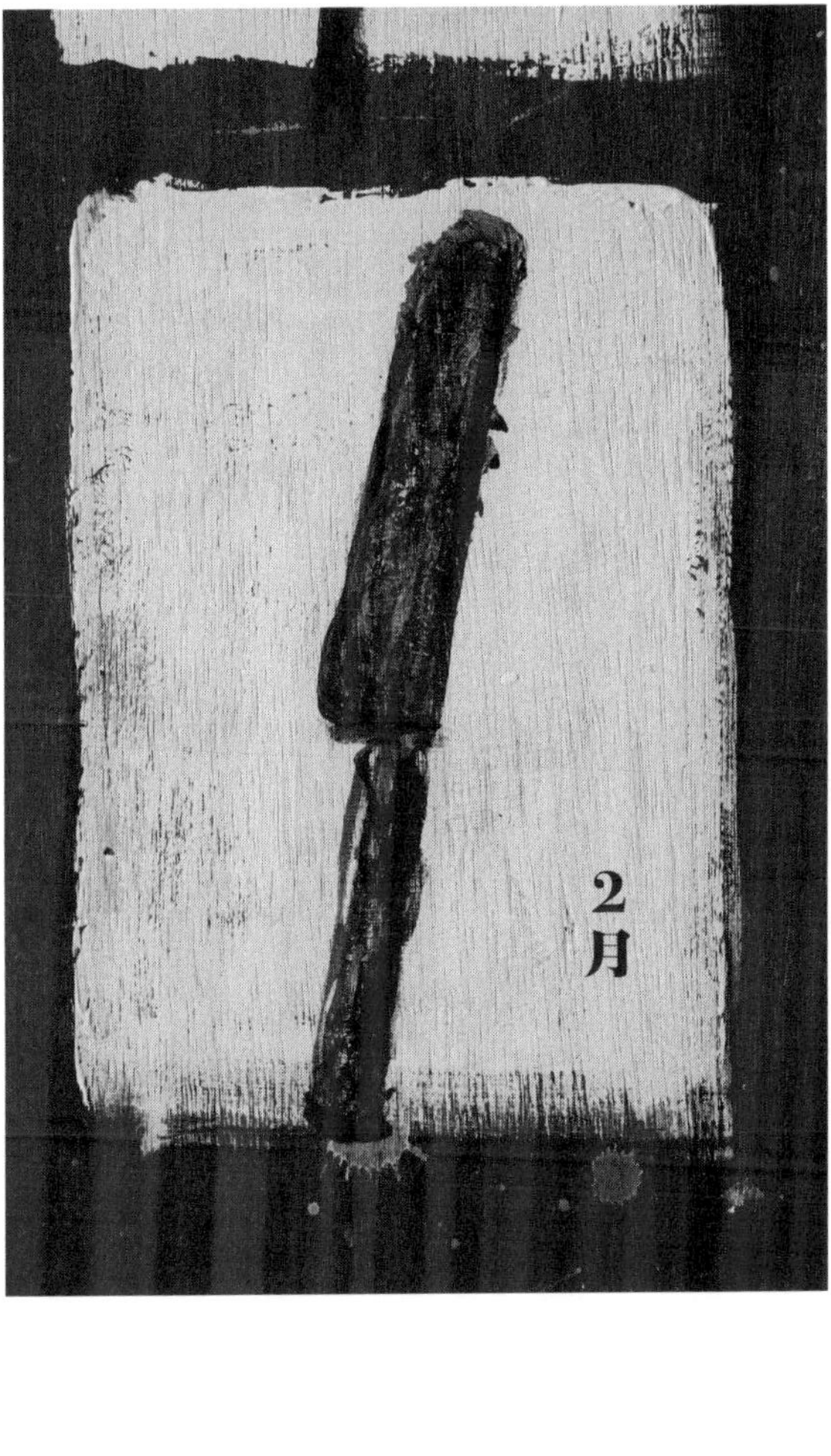
2月

新ごぼうのハンバーグ

合いびき肉250g　玉ねぎ¼個　卵1個　パン粉½カップ
新ごぼう1〜2本（切ったものふたつかみ）　バター　バルサミコ酢
その他調味料（3人分）

ボウルに入れたひき肉に、玉ねぎのみじん切りと卵とパン粉を加えてよく練り混ぜ、ごぼうの短めのささがき（軽く水にさらす）を加えて、塩と黒こしょう。これを3つに分けてハンバーグの形に丸めます。まん中を少しへこますと、焼く時に火が通りやすいです。フライパンに油をひいてハンバーグを焼きます。最初は強火で焦げ目をつけ、ひっくり返したらフタをして弱火で、中までしっかり焼きます。ハンバーグを皿に移し、残りの肉汁を使ってソースを作ります。肉の脂が多すぎて油っぽいようなら、半分くらいペーパータオルでふきとり、酒かワインを1周まわしかけます。火は強火。大きな泡が出てぶくぶくいっている時に、バルサミコ酢と醤油を2対2.5くらいの割合で加え、とろっとするまで煮詰めて、バターを10グラム加えます。日記に出てくる池尻の「カフェ・グリルバー太陽」の〝憧れの油っこい白いソース〟は、肉汁に生クリーム少しとマヨネーズを加えて煮溶かし、粒マスタードを加えて塩、黒こしょう。つけ合わせは、クレソンを茎ごとざくざく切ってたっぷりどうぞ。

*新ごぼうは、白っぽくて細く短いのが3～4本入って売っています。冬のごぼうだったら、½本で充分です。

鶏と小松菜の中華あんかけ煮

鶏手羽元8本　小松菜1株　長ねぎ（青い部分）15cm　生姜1片
にんにく1片　オイスターソース　トリガラスープの素　その他
調味料（4人分）

日記の中では鶏の水炊き用になっていますが、肉の部分が少ないので、いつのまにかわが家では手羽元に落ち着きました。手羽先を使ってもこってりとおいしくなります。要は、骨つきの鶏をスープで蒸し煮して（箸でほろほろとくずれるくらい）、その煮汁にオイスターソースで味をつけ、小松菜を加えて片栗粉でとろみをつけるという料理です。ところで、水溶き片栗粉を多めに用意してしまったら、しばらくおいて沈澱させ、水だけ捨ててラップをし、冷蔵庫に入れておくと2週間くらい保存できるのをご存知ですか？　使う時にまた水を加えればいいのですから、気軽にいつでも使えます。

鍋に手羽元と酒¼カップ、生姜、長ねぎ、にんにく、トリガラスープの素小サジ1を入れ、ひたひたの水を加えます（肉の肩から上が出ている状態）。フタをして強火にかけ、沸いてきたら弱火にして煮込みます、アクが出てきたらすくって、ついてみて肉がやわらかくなるまで（40分くらいでしょうか）ひたすら煮込みます。長ねぎ、生姜、にんにくを取りのぞき、オイスターソース大サジ1～2で味をととのえ、ざく切りにした小松菜を加えます。強火にして煮立ってきたところで、水溶き片栗粉を少しずつ加えながら混ぜ、とろみを均等にします。黒こしょうをひいてごま油を少しふりかけ、できあがり。小松菜を加える前に、豆腐をくずし入れてもおいしいです。丼にしてご飯にのっけてもいいですね。

海老のパエリャ風炊き込みご飯

白米2合　有頭海老（ブラックタイガーなど）10尾　鶏もも肉200g　アサリ300g　パプリカ（赤）1個　にんにく2片　サフランひとつまみ　ローリエ2枚　その他調味料（3～4人分）

パエリャというよりも、洋風の炊き込みご飯という感じ。海老の頭とアサリでだしをとって、ご飯に炊き込みます。

海老の頭は切り落とし、尻っぽを残して殻をむきます。身の方は冷蔵庫に入れておき、まず海老の殻でだしをとります。鍋にオリーブオイル大サジ2を入れ、つぶしたにんにくを炒めます。香りが出てきたら弱めの中火にし、海老の頭と殻を加え、木ベラでつぶすようにしながらよく炒めます。どんどん炒めて殻が砕け、いい焦げつきが出てきたら、酒（あれば白ワイン）¼カップを加え、おいしい焦げつきを溶かし入れ、水2と½カップを加えます。いちど沸かしてアクをとり、サフランとローリエを加え、30分ほど弱火で煮込みます。ザルでこして再び火にかけ、砂抜きしたアサリを加えます。口が開いてきたらまたザルでこし、アサリにラップをかぶせて乾かないようにしておきます。これでだしがとれました。

　炊飯器にといだ米を入れ、だしを加えていつもより少なめに水加減します。塩小サジ½を加えてよく混ぜ、食べやすく切った鶏肉、海老、細切りにしたパプリカをのせ、オリーブオイル大サジ1をふりかけてスイッチオン。炊き上がったらアサリを加え、10分ほど蒸らしてできあがり。塩と黒こしょうで味をととのえ、器に盛りつけます。レモンをしぼって食べてもおいしいです。

中華風 肉団子と白菜の煮込み

豚ひき肉300g　むき海老またはカニ缶100g　干し貝柱2個　長ねぎ（白い部分）½本　生姜1片　白菜¼～⅓個　トリガラスープの素　その他調味料（3～4人分）

干し貝柱がなければ、入れなくてもそれなりに充分おいしくできます。ちょっと手間がかかりますが、肉団子は必ず油で揚げてから煮込んでください。揚げ油はできるだけ新しいものを。スープの仕上がりにひびきます。

まず、干し貝柱をひたひたの水につけてもどしておきます。豚ひき肉をボウルに入れ、むき海老を刻んで加えます。生姜と長ねぎのみじん切り、貝柱のほぐしたもの（もどし汁はとっておくこと）、酒大サジ1、塩ひとつまみと黒こしょう適量、片栗粉大サジ1を加えてねばりが出るまでよく練ります。これをゴルフボールくらいの団子に丸めます。大きめの鍋（直径約24センチ）を用意し、大きくそぎ切りにした白菜の半量をしき、貝柱のもどし汁、酒¼カップと、トリガラスープの素小サジ1を2カップの湯で溶いたもの、醤油大サジ1と塩小サジ½をふりかけておきます。ここまで準備をしてから、肉団子を揚げはじめます。

揚げ油を熱し、中温の油で肉団子を揚げます（中まで火を通さずに、まわりだけ薄く色づいたらＯＫ）。揚がった肉団子の油を切りながら、鍋の白菜の上にのせていきます。フタをして強火にかけ、ぐつぐつしてきたら弱火にして煮ます。くたくたになるまで40分ほど煮ますが、とちゅう白菜のかさが減ってきたところで、残りの白菜を加えてください。塩で味をととのえ、水溶き片栗粉でとろみをつけて、黒こしょうをひきます。

＊わが家では鍋ごと食卓にのせ、熱々を取り分けていただきます。お鍋のサイズが小さかったら、すべてを半分の量で作ってみてください。

蓮根のはさみ揚げ

蓮根（中）1節（約400g）　鶏ひき肉130g　長ねぎ（白い部分）5㎝
生姜1片　その他調味料　（2〜3人分）

若いころから何度となく作ってきたお惣菜です。冷めてもおいしいので、翌日は甘じょっぱく煮からめ、お弁当にしてもいいおかずになります。

蓮根は皮ごと（茶色くなっているところだけ削り取る）8ミリくらいの厚さに切り、水にさらします。その間にはさむ具を作りましょう。ボウルに鶏ひき肉（脂が多めの方がおいしい）、おろし生姜、長ねぎのみじん切り、塩ひとつまみ、黒こしょうたっぷり、片栗粉大サジ½を入れ、ねばりが出るまで混ぜます。ここに、海老のむき身を細かくたたいて加えてもおいしいです。蓮根をザルに上げて水けを切り、内側になる方に1枚ずつ片栗粉を薄くまぶしながら（のりの役目）、ひき肉の具を片面にのせ、薄くのばします（縁までのばすと、合わせた時にはみ出してしまうので注意）。相手方の1枚も内側に片栗粉をまぶし、サンドイッチのようにはさみます。この時、蓮根の大きさをだいたいそろえてはさんでください。切る時に隣り合わせだったものだとピッタリですが、そのへんは適当に。残りの蓮根もすべてはさみます。揚げ油を熱し、全体に片栗粉をまぶしながら揚げていきます。油の温度は、天ぷらよりも少し低めの170度くらい。カラリとして全体に薄い揚げ色がついたら、ひとつ取り出して半分に切ってみてください。中まで火が通るのにあんがい時間がかかるので、とちゅうから半分に切って揚げてもいいと思います。揚げたてを器に盛りつけ、練り辛子と酢醤油でいただきます。

さとうさやと油揚げの甘辛煮

さとうさや1パック　油揚げ1枚　だし汁　その他調味料（2人分）

春の匂いが漂いはじめる前から、絹さや、スナップえんどう、グリンピース、さとうさやなど、目にも鮮やかな黄緑色の豆野菜が八百屋さんに並びます。そのたびに思い出すのは、上京したばかりのアパートに送られてきた箱いっぱいの絹さや。私が中学生のころから、庭の片隅で祖母がはじめた自家栽培の絹さやが、その年はたまたま大豊作だったようです。もう30年も前のことですが、学校がはじまってすぐの、まだまだ心もとない4月の中旬、あるいは後半に送られてきたような気がします。だから、絹さやの本来の時期は4月なのだと、今でも私の体にインプットされています。畑の豆類は、一日ですぐに大きくなります。ゆでて食べるにも、炒めて食べるにも、ちょっとばかし硬そうな絹さやを集めてきて、祖母はよくスジをむいていました。縁側で日なたぼっこをしながら。そんな日の夕方に、鍋いっぱい煮てくれたのがこの料理。さとうさやが絹さやの大きくなったものかどうかは知らないけれど、3月末から4月になったら、ぜひ作ってみてください。

さとうさやはスジを上下とも取りのぞきます。油揚げは熱湯をかけて軽く油ぬきし、ひと口大の三角形に切ります。小鍋にだし汁1カップを入れ、酒大サジ1、みりん大サジ2、薄口しょうゆ大サジ2を加えてちょっと濃いめに味をつけ、煮立たせます。さとうさやと油揚げを加え、沸いてきたら弱火に。落としブタをし、さとうさやがやわらかくなるまで煮ます。鮮やかな緑色ではなく、古い着物のようなひなびた色合いのひと皿ですが、くったりと箸でちぎれるほどやわらかく、ほんのり甘いさとうさやがこの料理の決め手なので、おばあちゃんになったつもりで作ってください。

マッシュポテトのムサカ

じゃが芋4個　玉ねぎ½個　合いびき肉130g　ほうれん草⅓束
牛乳½カップ　トマトソース1カップ　ヨーグルト大サジ4　バター
粉チーズ　その他調味料（17㎝×25㎝の耐熱皿、4人分）

ブルガリアを旅した回のテレビ番組『世界ウルルン滞在記』では、ポッテリとしたじゃが芋のムサカが、たまらなくおいしそうでした。作り方は映らなかったので、このレシピはまったくの私のアレンジです。日記の中ではラム・ステーキのつけ合わせとして、肉っけを入れませんでしたが、単品でも満足できるよう、このレシピには合いびき肉を加えました。ブルガリアらしく、ヨーグルトも加えてみました。

まずマッシュポテト作りから。じゃが芋をたっぷりの水で皮ごとゆでます。ごく弱火で、静かな水面のままたっぷり時間をかけて（1時間くらい）。熱いうちにじゃが芋の皮をむき、すり鉢でよくつぶし、バター10グラムを加えて混ぜます。さらに牛乳を加えてなめらかになるまで混ぜ、塩、黒こしょう、ナツメグをふります。みじん切りの玉ねぎをオリーブオイルで炒め、しんなりしたらひき肉を加えて軽く塩、こしょう。さらに3センチ長さに切ったほうれん草（赤いところも）を加え、クタッとするまで炒めます。バター（分量外）を塗った耐熱皿に、ひき肉とほうれん草の具をしきつめ、トマトソース（市販のものでもよい）にケチャップ大サジ1を混ぜて上からかけます。ところどころにヨーグルトを落とし、黒こしょうをひいて、マッシュポテトでフタをします。粉チーズを全体にふりかけて、230度に熱しておいたオーブンに入れ、香ばしい焼き色がつくまで30分ほど焼きます。

＊ヨーグルトを加えると、ちょっと酸味がついて爽やかなあと味になります。酸味が苦手な方は省いてください。

有頭海老の塩焼き

有頭海老4尾　塩（2人分）

海老はスイセイの大好物なので、頭つきの新鮮なものをスーパーでみつけると、よく買ってきてはお刺し身にしたり、塩焼きにしたり、月に二度くらいは食べていたような気がします。1尾120円くらいのものでしたが、頭に詰まっているみそも濃厚でとてもおいしかった。お刺し身にするには尻っぽを残して殻をむき、青じそをしいた器に並べ、ちぎった頭も脇に添えてしまいます。ワサビ醤油につけ、切り口からチュッと吸うのです。そういえば私がシェフをしていたレストラン「クウクウ」の人気メニューに、「海老の天火焼き」というのがありました。小さな鉄鍋（パエリャ用のもの）を強火にかけ、にんにくのみじん切りと殻つきの小海老をオリーブオイルでさっと合わせ、高温のオーブンに入れて焼き上げるだけ。鉄鍋ごと食卓に出し、レモンをしぼって熱々をつまみます。殻ごと食べるお客さんもいれば、1尾ずつ器用にむいて食べるお客さんもいました。スペインのバルなんかで出てきそうな、ワインに合う一品でした。

有頭海老は新鮮なものを求め、両面に軽く塩をふります。魚焼き器を熱して上に並べ、アルミホイルをふんわりかぶせて、最初は強火。様子をみて火加減を調整しながら焼きます。うちのガスコンロには魚焼き用のグリルがないのでそんなふうにしていましたが、グリルがあればもっと簡単に焼けるんだろうと思います。アレンジをひとつ。ナンプラーとオリーブオイルを半々くらいで合わせたものにほんのり甘みがつくくらいにきび砂糖を加え混ぜ、黒こしょうをひいたマリネ液を作って、2～3時間有頭海老をつけておき、塩焼きと同様にして焼きます。刻んだ香菜を添え、ライムやすだちをしぼると、タイやベトナムの屋台の味になります。

蕪と蕪の葉の煮浸し

蕪2個　蕪の葉1個分　だし汁　その他調味料（2人分）

蕪は皮ごと使います。皮は、おいしさが逃げないように保護する役目もありますから。蕪の旨みが薄まらないよう、煮汁の量はくれぐれもひかえ目に。加えるだし汁の量の目安は、炒めた蕪と葉がかろうじて浸るくらいです。蕪と葉にひとつまみの塩を当てて炒めると、水分がにじみ出てきます。その水分が煮汁に加わることも見越して煮るわけです。蕪の水分が混ざったおいしい煮汁を、蕪に吸わせる感じです。煮浸しというよりは、炒め煮に近いかもしれません。

蕪は根元の葉を1センチほど残して切り落とし、皮ごと半分に、さらにそれを5ミリほどの厚さに切ります。水を張ったボウルにしばらく浸けて、根元の泥を洗い流します。葉は4センチ長さに切っておきます。鍋にごま油大サジ1を強火で熱し、蕪を炒めます。油がまわったら葉を加えてざっと合わせ、塩をひとつまみふります。葉がまだシャキッとしているうちに、だし汁70〜80ミリリットル、酒大サジ1、薄口醤油小サジ½を加え、弱火で煮ます。蕪がほどよくやわらくなったら火を止めます。少し歯ごたえを残すくらいで火を止めると、蕪自体のおいしさがひときわです。

しろ菜の鍋蒸らし炒め

しろ菜½束　なたね油　その他調味料（2人分）

「鍋蒸らし炒め」の野菜は、日記では小松菜とかき菜ですが、神戸でかき菜はあまりみかけない気がします。かわりに、季節を問わずどこのスーパーでも売っているしろ菜を使ったレシピを紹介します。しろ菜というのは、白く透き通るような茎に、薄い黄緑色の葉。関東でみかける山東菜によく似ています。火が通りやすく、シャキッと仕上げても、くったりとやわらかく煮てもどちらもとてもおいしい。油揚げと合わせて和風の煮浸しにするのも、にんにくとともに鍋蒸らし炒めにして、ショートパスタと和えるのも大好きです。それに、何といっても嬉しいのは、葉もの野菜が少なくなる真夏でも、しろ菜だけはいつもひと束100円台で買えるのです。ここではなたね油を使っていますが、ごま油、白ごま油、オリーブオイルなど自由に選んでください。コツをつかんだら、日記の中の私のように、いろいろな野菜で試してみてはいかがでしょう。

しろ菜は根元を切り落とし、4センチ長さに切ってから、ボウルに張った水に浸けて泥を落とし、ザルに上げておきます。直径20センチくらいの厚手の鍋になたね油大サジ1弱を入れ、水けをしっかり切ったしろ菜を加えて、ざっと油をからめます。塩小サジ1/4〜1/3をふりかけてフタをし、強火にかけます。鍋の中に蒸気がこもってフツフツと音がしてきたら、火を弱めます。とちゅうでフタを取り、かさが減ってきていたら菜箸で手早く混ぜ、またすぐにフタをして蒸気を逃がさないようにします。水分が何も入っていないので心配になるかもしれませんが、塩の力でひき出されたしろ菜の水分で、蒸らし炒めにするのです。しんなりしかけたら早めに火を止め、あとは余熱で火を通します。

白菜と豚肉のミルフィーユ鍋

豚バラ薄切り肉150g　白菜¼個　その他調味料（2人分）

だし汁も酒もスープもいっさい加えず、白菜の持つ水分だけで蒸し煮にするこの勇気あるレシピは、絵描きの中野さんから教わりました。作り方はいたってシンプルなのだけど、大きなコツがあります。それは、土鍋を火にかけたらフタを開けるのは最小限。蒸気が鍋の中でどんな状態になっているのか、湯気の出方を見たり、音を聞いたりしながらひたすら想像すること。最初に土鍋のフタの穴から蒸気がまっすぐに上がるまで待ってから、ごく弱火にし、放っておくことも大切です。ちりちりと焦げつきそうな音がしてきたら、ひと呼吸置いてフタを開け、鍋のまわりから大きく菜箸をさし入れたり、白菜どうしの間にも軽く箸をさし入れたりして、何度か蒸気の通り道を作ってあげます。白菜はくったりさせるのではなく、ほどよい歯ごたえを残すつもりで。この方法ですると、まるで「生きたまんま」のように白菜から旨みが逃げ出さず、煮汁もほとんど出ません。

白菜は切る前に水でざっと洗います。芯を取りのぞいてたてふたつ割りにし、それぞれを4等分に切ります（白菜の幅は土鍋の深さに合わせるとよい）。豚バラ肉は10センチの長さに切っておきます。土鍋に白菜を立ててぐるりと並べ入れ、すき間に豚肉を適当にはさみ込みます。ここで塩や酒をふりたくなりますが、ぐっとがまん。あとは弱火にかけ、フタをして蒸し煮にしていきます。少し早いかなというくらいで火を止め、あとは余熱で。土鍋ごと食卓に出し、器にポン酢醤油、大根おろし、七味唐辛子でタレを作り、取り分けていただきます。橙《だいだい》や柚子などがあればさらに嬉しい。黒七味もよく合います。

辛子みそマヨネーズ

卵黄1個　みそ（信州みそなどのクセのないもの）大サジ1と½　練り辛子小サジ1弱　塩ひとつまみ　サラダオイル180ml　酢大サジ1　ごま油小サジ1（作りやすい分量）

マヨネーズは意外と簡単に手作りできます。分離しないように作るコツは、卵黄にサラダオイルを混ぜ込む時、充分にぽってりとさせてから酢を入れること。それでも「どうしても、うまくいかないんです」という声を聞くことがあります。ところが、みそを加えると魔法のように安定し、分離しないのです。みそが卵黄、油、酢という性質の違う3つの橋渡しをしてくれるのかもしれません。「クウクウ」の厨房でも、誰もが失敗なくできました。大切なのは、ボウルや泡立器の水分をよくふきとってからはじめること、自信を持って混ぜること、このふたつです。辛子みそマヨネーズはどんな野菜にも合いますが、色よくゆでた菜の花とマグロの中落ちを盛り合わせた小鉢が、「クウクウ」のおすすめメニューとして人気でした。蒸した根菜類や、生の蕪、大根にもよく合います。

ボウルに卵黄を入れ、みそ、練り辛子、塩を加えます。泡立器をボウルにそっと打ちつけるようにしながらみそと辛子を合わせ、卵黄に混ぜ込んでいくと、自然になめらかになります。サラダオイルの半量を少しずつ加え、加えるごとに完全に混ぜ合わせます。ぽってりと固くなったらもう安心。酢をいちどに加えてゆるめ、残りのサラダオイルを少しずつ加えて混ぜます。香りづけのごま油を加え混ぜ、なめらかになったらできあがりです。

＊みそは冷蔵庫から早めに出しておくと、混ざりやすいです。

焼き肉味の春雨炒め

豚コマ切れ肉80ｇ　春雨50ｇ　しめじ1パック　絹さや30ｇ
自家製焼き肉のタレ　トリガラスープの素　その他調味料（2人分）

　大好物なので、うちの乾物入れには春雨がいつもあります。サラダやスープにすることもあるけれど、肉を加えたピリ辛炒めには、家にある野菜をなんでも組み合わせ、ご飯は炊かずにもりもり食べます。辛みは豆板醤の他、柚子こしょうや粉山椒をきかせることもあります。味つけの基本はトリガラスープの素、醤油、砂糖ですが、焼き肉のタレを使うと、韓国のチャプチェ風になります。日記に登場する春雨炒めは、干し椎茸を使っていいます。きっと、しばらくの間買い物に出ていなくて、野菜がなかったのでしょう。ここではしめじを使いました。

　春雨はぬるま湯に10分ほどつけてもどし、ザルに上げておきます。豚肉は大きければひと口大に、しめじは石づきを切り落としてほぐし、半分の長さに切ります。絹さやはスジを取りのぞきます。トリガラスープの素小サジ½は、湯⅔カップで溶かしておきます。フライパンにごま油小サジ2を強火で熱し、豚肉をほぐしながら炒めます。色が変わってきたらしめじを加えてざっと炒め合わせ、トリガラスープと春雨を加えます。菜箸で混ぜながらしばらく煮、春雨がスープを吸ってふっくらしてきたら、絹さやと焼き肉のタレを大サジ2～3加え混ぜます。全体になじむまで炒め合わせ、黒こしょうをふってできあがりです。

☆自家製焼き肉のタレ（作りやすい分量）…小鍋に酒とみりんを各大サジ1、きび砂糖大サジ1と½、醬油¼カップ、すりおろしたにんにく1片分、一味唐辛子少々を合わせ、スプーンで混ぜながら強火にかけます。ひと煮立ちしたら火を止め、ごま油大サジ½を加えてください。空きビンに移し入れ、冷蔵庫で1カ月ほど保存できます。

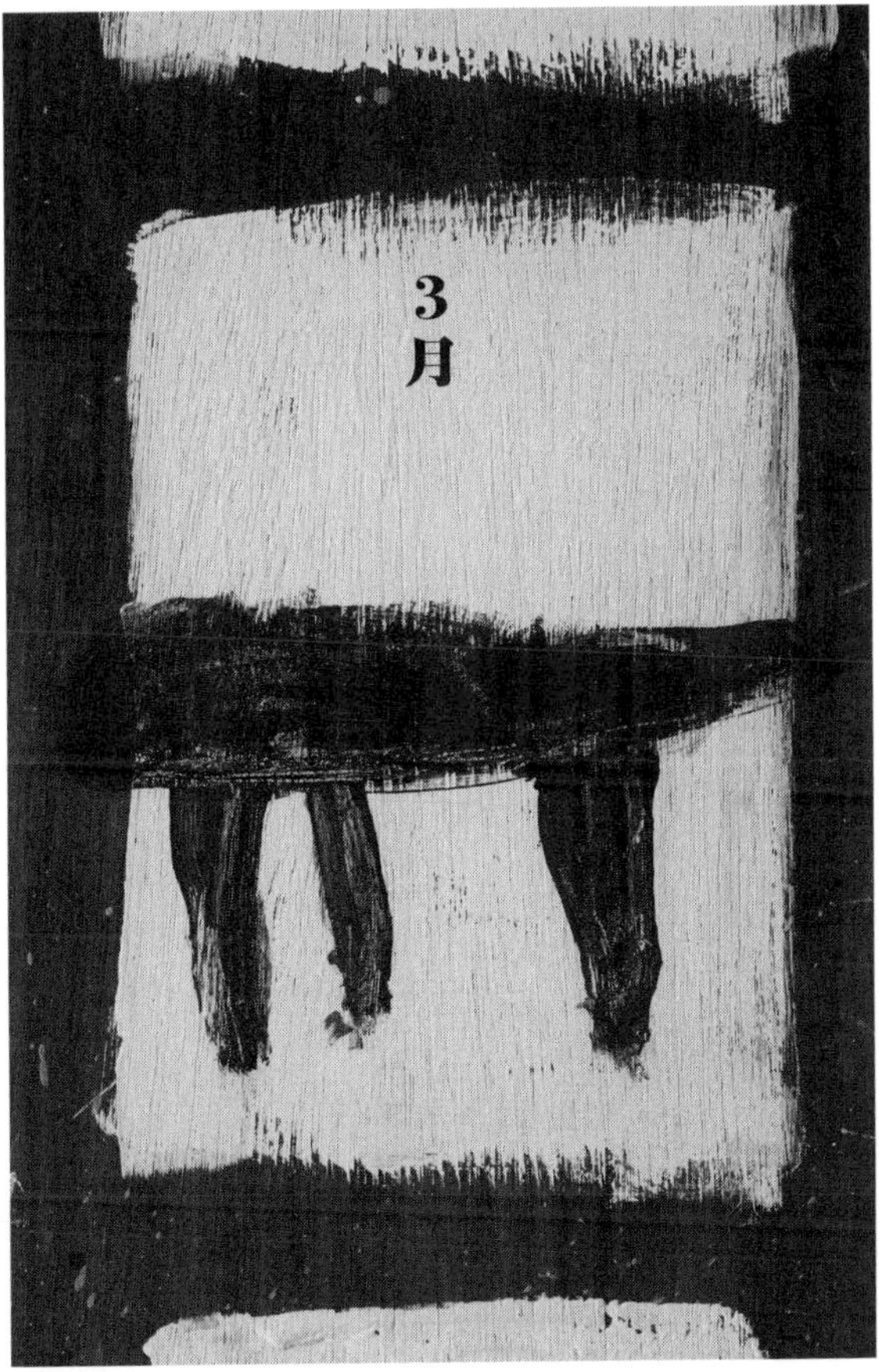
3月

ソーセージと蕪の白いシチュー

粗びきソーセージ5本　蕪3個　牛乳1カップ　バター　コンソメスープの素　その他調味料（2人分）

蕪の時季は、冬だと思ってらっしゃるかもしれませんが、春にも冬とはまたちがうおいしさの蕪が出まわります。ふかふかとやわらかく、甘くみずみずしいので、生でサラダにしてもいいし、軽く塩でもんでもおいしい。まだ肌寒い春先の日に、こんなスープを作るのもいいものです。蕪の葉はみずみずしいし、栄養もあるのでもちろん使ってください。

では作り方です。春の蕪は繊維が硬いところがあるので、皮をさわってみてでこぼこするところや、ひげ根が出ているところをむきます。皮からおいしい味が出るので、ぜんぶはむかないでください。半分に切るか、大きかったら四つ割りにし、葉っぱはざく切りにしておきます。鍋に蕪とソーセージを入れ、刻んだコンソメスープの素1個と水をひたひたに（少ないかな？

というくらい）加え、バター10グラムをのせて火にかけます。最初は強火で、沸騰したらフタをしてごく弱火。気長にコトコト煮ます。蕪がくずれるくらいにやわらかくなったら、牛乳を加えて塩と黒こしょうで味をととのえます。ちょっとコクがほしい時は、クセのないみそ（信州みそなど）を少々加えてもおいしいです。最後に葉っぱを加えてひと混ぜしたら、すぐに火を止めて。蕪はぐずぐず、ソーセージはプリッ。葉っぱはシャキシャキです。

豚そぼろと炒り卵の混ぜご飯

白米1と½合　もち米½合　豚ひき肉200g　卵3個　生姜1片
焼き海苔1枚　その他調味料（4人分）

　もち米を炊いていると晴れがましいような、わくわくするような、懐かしく良い匂いがします。もち米100%だと炊くのはむずかしいけれど、白米と半々か少し混ぜるくらいなら、浸水時間をちょっと長めにするだけで、炊飯器で気楽に炊けます。白いご飯にあきた時のために、2キロ入りのもち米の袋を常備しておくといいと思います。

　まず、ご飯を炊きます。白米ともち米を合わせてとぎ、炊飯器に入れます。いつもの水加減にして、そのまま40分ほどおいてスイッチを入れてください。その間に豚そぼろを作ります。フライパンを強火にかけ、ごま油少々でひき肉を炒めます。脂の多いひき肉だと肉から脂が出るので、ごま油は入れなくても大丈夫。色が変わってほぐれはじめたら、酒大サジ1、きび砂糖大サジ1と½、みりん大サジ½、醤油大サジ1と½を加えて汁けがほとんどなくなるまで炒りつけます。火を止めて、すりおろした生姜を加えます。炒り卵は、まず箸を4〜5本用意してください。ボウルに卵を溶き、塩ひとつまみときび砂糖大サジ1を加えて、砂糖が溶けるまでよく混ぜます。小鍋（ミルクパンでも）にごま油少々をひいて中火にかけ、溶き卵を流してすぐに箸で混ぜます。鍋のふちに固まった卵もこそげ取りながら、半熟になってきたら弱火にし、湿っていた卵がホロホロに乾くまで炒りつけます。炊きたてのご飯に、豚そぼろと炒り卵をざっくり混ぜ、器によそってから、焼き海苔をちぎってふりかけます。

＊豚そぼろの醤油をナンプラーに、生姜をにんにくにかえて唐辛子か黒こしょうを加えれば、エスニック風になります。お弁当にもいいですね。

自家製ザル豆腐

豆乳1ℓ　にがり大サジ2（直径20㎝のザル1枚分）

飲み屋さんで豆腐をたのんだら、できたてのザル豆腐が出てきて驚いたことがあります。こういうのが家庭で簡単にできたらなぁ。飲んでいる最中に、ホヤホヤの豆腐をドーンと出せたらどんなに皆が喜ぶだろうと、想いをはせたものです。このレシピは某雑誌で紹介したものですが、ちょうどこの時期に何度も作ってコツをつかんでいるので、ここでまた詳しく、改めて紹介します。

まず、厚手の鍋に豆乳を入れて中火にかけます。時々木べラで静かにかきまわしながら、ゆっくり温めていきます。小さな泡が鍋の縁に出てきたら要注意。ここで弱火にしますが、すぐに表面にも泡が出てきます。これが、にがりを加えるのにちょうどいい温度（約80度）なので、火から下ろします（温度が高すぎるとモロモロした硬い豆腐になってしまう）。ヘラでゆっくりふた混ぜすると、回転の跡のスジができます。そこをめがけて大サジ1のにがりを加え、かき混ぜずにそのまま3分ほどおきます。また同様にして残りのにがりを加え、3分ほどおきます。ここでゆるいようなら大サジ⅓のにがりを加えますが、冷めるにつれて固まってくるので、入れる前にもうしばらく時間をおくなりして、加えすぎに注意してください。大きな固まりができていたらザルに上げ、水けを切ってできあがり。

＊まずはできたてを何もつけずに食べてみてください。醤油をかけるより、塩やごま油、柚子こしょうがおすすめ。とにかく何度も作って、にがりの量や加えるタイミングをつかんでください。残った豆腐は、水を入れた容器にさらして冷蔵庫に入れておけば2日ほどもちますが、硬くなってくるので、みそ汁や炒めものにするといいと思います。

新ごぼうと糸コンと牛肉の炒り煮

新ごぼう2本　糸コンニャク1袋　牛コマ切れ肉100g　だし汁
その他調味料（作りやすい分量）

もう何十年も前、「カルマ」というお店でアルバイトをしていた時のこと。私は、ごぼうの泥をタワシで洗い、さらに包丁で皮をこそげていました。その時にたまたま居合わせたお客さんが、教えてくれたのです。「あんた、皮が香りがあっておいしいんじゃないの！　もったいないねぇ。ごぼうはタワシでこするだけでいいのよ」。たしか、お店のオーナーの友だちの奥さんだったそのおばさんのことを、私はごぼうを料理するたびに思い出す。うちの母は料理が苦手だったけれど、いろいろな人から教わったことがたくさんあります。

新ごぼうが出はじめるので、味つけは薄めに作り、もりもり食べましょう。残ってしまったら、煮汁を切って白和えにするのもまた楽しみ。

糸コンニャクは水から軽くゆでてザルに上げ、食べやすい長さに切ります。牛コマ切れ肉はひと口大に切り、ごぼうは細長い乱切りにして、切ったそばから水を張ったボウルに落とし、軽くもんでアクの色が出なくなるまで2回ほど水をかえましょう。鍋にごま油をひいて強火にかけ、牛コマ切れ肉を炒めます。色が変わってきたら糸コンニャクを加え、炒め合わせます。水けを切ったごぼうを加えてざっと炒め、酒、醤油、みりん、きび砂糖少々と、ひたひたよりも少なめのだし汁を加えます。沸いてきたらアクをすくい、落としブタをして、ごぼうに歯ごたえが残るくらいで火を止めます。器に盛って、あれば黒七味を。

*煮汁の味つけは、できあがりの味を想像しながら。ちょっと薄くてぼんやりしているかな？というくらいにしておくと、仕上がった時にちょうどよくなります。しばらく煮てからもういちど味見をし、足りなかったら、そこで加えてください。

豆ご飯

米2合　グリンピース（サヤつき）200g　だし昆布5㎝角1枚
その他調味料（3〜4人分）

母がよく作ってくれた、数少ないメニューのひとつです。高校生になって、夕飯やお弁当作りを手伝うようになってから、豆ご飯のおかずには、なぜか豚の生姜焼きをよく合わせていました。当時読んでいた、「ミセス」だったか「暮しの手帖」だったかの料理ページにその献立が載っていて、すっかり洗脳されてしまったんだと思います。ちょっと甘めの生姜焼きに、春キャベツのせん切りをたっぷり盛って、マヨネーズ。そういえば祖母は、グリンピースではなくえんど豆と呼んでいました。日記にも書きましたが、豆ご飯のグリンピースは別ゆでしてから炊き上がりに合わせるのではなく、いっしょに炊き込むのをおすすめします。そして、むき身にされたパック入りのグリンピースも気軽に使えて便利なのですが、サヤ入りのものをみつけたら、ぜひそちらを選んでください。できるだけぎりぎりまでサヤのままとっておき、炊く寸前にむきたての豆をご飯に炊き込む。そのみずみずしく甘い香りは、この季節ならではの贅沢です。

米をといで、いつもよりもちょっと少なめに水加減し、酒大サジ2と塩小サジ1弱を加えて混ぜます。そのまま炊飯器にセットして20分ほど浸水し、だし昆布と、サヤからはずしたグリンピースを広げてのせ、スイッチを入れます。炊き上がったら10分ほど蒸らして、ざっくりとほぐします。茶わんに盛ってから、粗びきの黒こしょうをちょっとひくのも私は好きです。

ベトナム風の焼き鳥

鶏もも肉1枚　レタス2〜3枚　青じそ5枚　人参⅓本　スイートチリソース　その他調味料（2人分）

「鶏のジリジリ焼き」の変型です。ジリジリ焼きというのは、塩をまぶした鶏肉の皮目から、フタもせずに最初から最後まで弱火で焼くというもの。皮目から入った熱がジリジリと身の方に移って、皮はパリパリ、中はジューシーに仕上がります。40分以上も放っておくので少し心配になるかもしれませんが、スープでも煮込んでいるつもりになって、気長に焼いてみてください。スイートチリソースは生春巻きはもちろん、サラダのドレッシングにも使えるので、多めに作っておきましょう。下にしくサラダはレタスやキャベツ、胡瓜などなんでも合いますが、青じそだけは必ず加えてください。季節であればみょうがもいいですね。

では、まずジリジリ焼きから。鶏肉は身の厚いところがあれば少し包丁を入れて開きます。塩をまぶし（塩焼きだったら鶏肉1枚約300グラムにつき小サジ½が目安ですが、スイートチリソースをかける分だけ少なめに）、フッ素樹脂加工のフライパンを弱火にかけ、皮目を下にしてのせます。皮から脂が出てくるので油はひきません。30～40分たって、鶏肉が八分焼きになったら返します。裏は軽く焼くだけでオーケー。おおまかにちぎったレタスと青じそ、人参のせん切りをお皿に広げ、鶏のジリジリ焼きを丸のままドーンとのせます。食卓に出してからスイートチリソースを適量かけ、ナイフで鶏肉を切ってください。フライパンに残った鶏の脂はとてもおいしいので、もやしや青菜などを炒めるといいと思います（脂にも鶏の塩味が出ているので、その分味つけはひかえめに）。

☆スイートチリソース（作りやすい分量）…ナンプラー、酢、砂糖、水をそれぞれ大サジ2ずつビンに入れ、おろしにんにく½片分、豆板醤小サジ1を加えて、よくふり混ぜて作ります。

そら豆の白和え

そら豆15粒　絹ごし豆腐½丁　練りごま　その他調味料（2人分）

ひじき煮やきんぴらが残った時、豆腐を買ってきてよく白和えにします。香ばしく炒ったごまを油が出るくらいまですり、きび砂糖、塩、薄口醤油、ほんのぽっちりのお酒を加えた和え衣。たいがいは木綿ごしを使うのだけど、ゆでたそら豆を白和えにする時だけは、絹ごし豆腐で作ります。そら豆の初々しい緑、独特の風味と舌ざわりが、練りごま入りのねっとりとやさしい衣によく合います。日記に登場した日には、京都の白みそ（近所の友人、三ちゃんのお母さんにいただきました）を使っていますが、ここでは手に入りやすい信州みそなど、色の白いみそ（くせのないもの）にきび砂糖で甘みをつけたレシピを紹介します。京都の料亭なんかで出てきそうな、ちょっと上品な味の白和えです。

絹ごし豆腐は布巾かペーパータオルに包み、30分ほどおいて軽く水切りしておきます。重しをのせるほどにはしっかりと水けを切らない方が、豆腐自体のおいしさが残るような気がします。そら豆をサヤから取り出し、薄皮のおしりの部分に切り目を入れ、塩ひとつまみを加えた熱湯でゆでます。ゆで時間は大きさによっても違いますが、だいたい1分ほどでしょうか。とちゅうでひとつ取り出して硬さを確かめ、ゆですぎないようにしてください。ゆで上がったらザルに上げ、粗熱をとって皮をむきます。水切りをしておいた豆腐をすり鉢に入れ、すりこぎでなめらかにすります。練りごま小サジ1、酒小サジ½、きび砂糖小サジ1、みそ小サジ2、塩ひとつまみを加え、まんべんなく混ざって、ねっとりするまでよくすり混ぜます。ここにそら豆をざっくり和えて、こんもりと器に盛ります。

しらたきとさつま揚げの炒り煮

しらたき1袋(約200g)　さつま揚げ1枚　その他調味料(2人分)

　だし汁いらずの炒め煮。甘すぎないので、お酒のつまみにも向きます。ひとり暮らしになった今は、作りおきおかずの定番。うちには電子レンジがないため、食べる分だけ冷蔵庫から取り出して小鉢に移し、室温にもどしています。粉山椒をふると粋な感じがして、お客さんにも喜ばれます。さつま揚げのかわりにちくわや牛のコマ切れ肉を合わせるのもおすすめ。その場合の牛肉は、ごま油で先に軽く炒め、肉の色が変わってからしらたきを加えてください。しらたきはコンニャク特有のくさみがあるので、必ず下ゆでしてから使うこと。下ゆでをすることで、味もしみやすくなります。

　まず、しらたきの下ゆでから。袋から出してザルに上げ、ざっと水洗いしたしらたきを小鍋に移し、かぶるくらいの水を加えて強火にかけます。グラッときたら弱火にして1分ほどゆで、再びザルに上げます。粗熱がとれたら食べやすい長さに切ってください（キッチンばさみを使って、ザルの上で切ると簡単です）。さつま揚げは1センチ幅のひと口大に切ります。鍋またはフライパンにごま油大サジ½を中火で熱し、しらたきをざっと炒めます。チリチリしてきたらさつま揚げを加えてよく炒め合わせ、酒大サジ3、みりん大サジ2、きび砂糖小サジ½、醤油大サジ1と½を加えます。菜箸で混ぜながら強火で炒りつけてください。煮汁がほとんどなくなったら火から下ろし、器に盛って粉山椒または七味唐辛子をふります。

＊保存する場合は容器に移し、粗熱がとれてから冷蔵庫へ。1週間ほどおいしく食べられます。

キャベツと香味野菜のサラダ、焼き油揚げのっけ

春キャベツ¼個　油揚げ（大）1枚　みょうが3個　青じそ5枚
玉ねぎドレッシング　その他調味料（4人分）

このサラダは、料理本の編集者、赤澤さんたちが東京から取材にいらしたお昼に、ワインのおつまみとして作りました。メインは、いろいろな肉が入ったごちそうミートソースのグラタンだったので、あっさりしたものをと思い、冷蔵庫にあるもので工夫したのです。楕円の大皿に盛りつけたサラダに、長く大きいままのせたカリカリの油揚げは、下の野菜が隠れるほど。なかなか迫力がありました。油揚げは関西では「お揚げさん」と呼んで親しまれ、分厚いのや薄いのや大きいのや、いろいろな種類があります。ここでは、30センチくらいもあろうかという京都産の特大お揚げさんを、フライパンに収まる長さに切って焼きました。ぜひ、みずみずしい春キャベツで作ってみてください。

キャベツは太めのせん切りにし、ボウルに入れて塩を小サジ⅓ほどふりかけます。ざっと混ぜてそのまま10分ほどおき、手でなじませます（もむという感じではない）。みょうがはたて半分にしてから斜め薄切り、青じそは細切りにし、キャベツとざっくり合わせて楕円のお皿にこんもり盛ります。両面に焼き目がつくまで、弱火のフライパンでじりじり焼いた油揚げは、食べやすい大きさに切ったあと、サラダの上に長方形になるようにのせます。取り皿によそってから玉ねぎドレッシング適量をかけ、醤油を落として食べてください。

☆玉ねぎドレッシング（作りやすい分量）…玉ねぎのすりおろし小¼個分、練り辛子小サジ½、フレンチマスタード小サジ1、塩小サジ1、酢大サジ3を空きビンに合わせ、フタをしてよくふり混ぜてから、サラダオイル大サジ7を加え、さらによく混ぜ合わせます。

ひき肉と白菜のあんかけ丼

ご飯　豚ひき肉150g　白菜⅛個　トリガラスープの素　柚子こしょう　その他調味料（2人分）

柚子こしょうを使い切れなくて困っている方がいたら、このレシピをぜひ試してみてください。醤油と砂糖の甘じょっぱい味に柚子こしょう、これがなかなか好相性なのです。柚子こしょうの量はお好みですが、辛いのが苦手な方は小サジ½に、お好きな方は小サジ1くらい加えるとピリッとします。ここに豆腐半丁を加えると、やさしい色合の麻婆白菜豆腐にもなります。

白菜の軸の部分は2センチ幅、葉は4センチ幅のざく切りにします。小さなボウルにトリガラスープの素小サジ1、酒、きび砂糖、醤油各大サジ1、柚子こしょう小サジ½から1を入れ、1カップのぬるま湯を加えます。スプーンでよく溶かし混ぜておきましょう。フライパンにサラダオイル大サジ1を強火で熱し、ひき肉を加えて木べらでほぐしながら炒めます。白っぽくなってきたら塩と黒こしょうを軽くふり、脂が出て八分通りほぐれてきたら、白菜の軸を加えて炒め合わせます。軸が透き通ってきたら葉も加え、全体がしんなりするまで炒めます。合わせ調味料を加え、白菜がくたっとするまで煮てください。水溶き片栗粉（片栗粉大サジ1を同量の水で溶く）を加えたら、とろりとするまでしばらく煮詰め、仕上げにごま油小サジ2を加えて混ぜます。これで、香りと照りがつきます。どんぶりやスープ皿に盛ったご飯の上にたっぷりとかけ、熱いうちにどうぞ。

「カルマ」のトマト焼き

トマト1個　豚ひき肉100g　にんにく½片　玉ねぎ（小）½個
バター　バジル（ドライ）　その他調味料（1人分）

トマト焼きは、私が若かりしころにアルバイトをしていた「カルマ」の人気メニュー。20代後半だったから、かれこれ30年以上も前によく作っていたことになります。当時、半分に切ったトマトを大きいまま焼くのはかなり斬新《ざんしん》でした。ひき肉は確か豚だったと思うのですが、サラダオイルとバターでよく炒めたみじん切り玉ねぎの甘みと、肉汁にからまる酒と醤油。そして、ひとふりのバジル。生のバジルなどまだ一般的ではなかった時代ですが、乾燥バジルだからこそのおいしさがありました。焼いたトマトの上にひき肉のソースをたっぷりかけ、ナイフとフォークで食べる立派な洋食。ご飯がなくてもお腹がいっぱいになる、健康的なメニューでもあります。

にんにくと玉ねぎはみじん切り、トマトはヘタを取って横半分に切り、切り口に1センチ深さの切り込みを格子状に入れておきます（火が通りやすくなります）。フライパンにサラダオイル小サジ1を弱火で熱し、切り口を下にしたトマトを並べ入れ、すぐにフタをします。軽く焼き目がついたら返し、もうしばらく焼いて、皿に盛りつけておきます。同じフライパンにサラダオイル小サジ2を弱火で熱し、にんにくを炒めます。香りが立ってきたらバター10グラムと玉ねぎを加え、しんなりするまでよく炒めます。ひき肉を加えて木ベラなどでほぐしながら炒め、白っぽくなってきたら、酒大サジ2、醤油大サジ1を加えてからめ、炒りつけます。煮汁が少なくなってきたらバジル小サジ½を加え、黒こしょうをふって、トマトの上にかけます。あればパセリのみじん切りをふりかけてください。

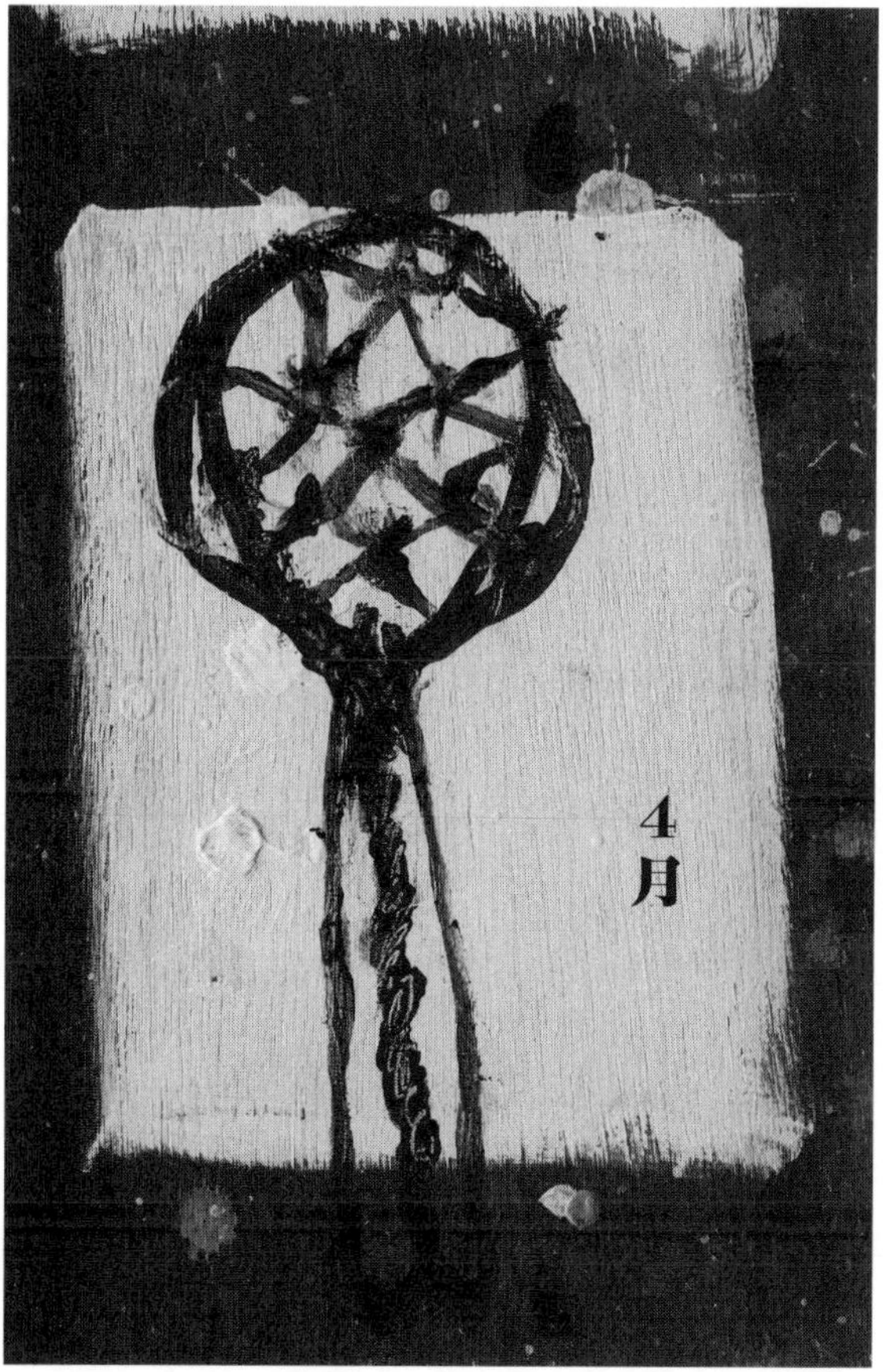
4月

筍のゆで方

筍1本　米ぬかひとつかみ　赤唐辛子1本

筍をゆでるのはむずかしいと思っている人は、ぜひためしてみてください。やってみれば、あんがい簡単で単純なものですし、ゆでたものを買ってくるのとは大違いの、春の香りです。まず買う時に、おまけでついている米ぬかをもらってくること。筍が大きかったら2袋もらいましょう。そして、買ってきたらその日のうちにゆでること。そのままにしておくと、どんどんアクが強くなるので、これだけはぜったいに守ってください。

ではゆで方です。筍は2～3枚だけ外皮をむいて、根元に出てきたいぼいぼを包丁でこそげ取ります。切り口が変色していたら、これも薄く切り取ります。頭の部分を斜めに切り落とし(中の筍の先っぽまで)、たてに1本切りこみを入れます(これは火が通りやすいように。皮だけに入ればよい)。1本まるまる入る大きな鍋に筍とたっぷりの水を入れ、ぬかと赤唐辛子を加えて強火にかけます。沸いてきたら、中火と弱火の間くらいにして（静かにポコポコしている状態）、40分～1時間ゆでます。筍の大きさによってまちまちなので、竹ぐしを刺して調べましょう（スッと通ればＯＫ、あまりやわらかくしすぎない方がよい）。ゆで上がったら、鍋のままゆで汁が冷めるまで置き、ゆで汁の中で皮をむきます。半分に切り、すぐに使わない時はきれいな水につけて冷蔵庫で保存します。２日くらいは大丈夫です。

アサリの潮汁

アサリ300g　だし昆布5㎝（半分に切っておく）　その他調味料（2人分）

この時季のアサリはたっぷり太っているので、みそ汁にしたり、「そのまま蒸し」にしたりして、それこそ毎日食べたいくらいです。潮汁のアサリは、お汁からとび出すくらいにたっぷり使うのが高山家風。せっかくのおいしさを新鮮なうちにいただきたいので、私はいつも買ってきたその日のうちに料理しています。

まず、家に帰ったら、すぐにパックからアサリを出して塩水につけます。そしてごはんの準備がすべてできてから、最後に作りはじめます。すぐにできるし、何といっても潮汁はできたてが華なので。砂抜きしたアサリに流水をかけ、両手で軽くこすり洗いして小鍋に入れます。1カップ強の水とだし昆布、酒大サジ1、塩ひとつまみを加えて中火にかけます。煮立ったらアクをすくって火を弱め、貝の口が開いたら火を止めます。味をみて、足りないようなら薄口醤油をほんのちょっと落とすと、味がおちつきます。

＊「アサリのそのまま蒸し」は、名前の通り、アサリの水分と旨みだけで蒸すレシピです。大きくて新鮮なアサリをみつけたら、ぜひためしてみてください。塩水につけて、砂抜きするところまでは同じ。鍋にアサリを入れ、フタをして中火にかけます。しばらくして音が聞こえてきたら、水分が沸騰して貝の口が開きはじめているので、鍋をゆすって貝どうしをぶつけるようにします。完全に開かなくても、余熱でも充分開くので、もう火を止めてしまいましょう。火を通しすぎるより、新鮮なものだったら半開きのくらいの方がおいしいです。

ニラのシンプル炒め

ニラ2束　ごま油　その他調味料（2〜3人分）

ただのニラ炒めですが、シャキシャキに歯ごたえよく炒めるのはなかなかむずかしい。ここはぜひ中華鍋を使いたいところですが、なかったら、とにかくフライパンを充分に熱してからニラを入れることです。まだ生のうちに調味料を加えて、一瞬だけフタをして炒め蒸しにするのがおすすめです。

ニラは4センチ長さのざく切りにしますが、根元の硬いところは2センチくらいに切り、葉と分けておきます。中華鍋を強火にかけ、煙が出るまでカンカンに熱します。ごま油を大サジ1強入れ、鍋をまわして全体に油がいきわたったところで、ニラの根元の方を先に炒めます。いい香りがしてきたら塩をふたふりし、葉の部分を加えてざっくり炒めます。まだ半生の状態で、酒大サジ1とナンプラーか醤油を少々鍋肌から加え、2〜3度あおったらもう火を止めます。器に盛りつけてからも余熱でどんどん火が入るので、早すぎるかな？　というくらいで火を止めましょう。黒こしょうは火を止めてからふりかけてください。もうひとつ、わが家のニラ玉のレシピを。うちのニラ玉は甘い卵焼き風でもあんかけ風でもなく、たっぷりのニラ炒めに卵が軽くからんでいるというもの。まず、ニラ1束分を「ニラのシンプル炒め」の要領で炒めます（調味料はひかえめに）。そこに、卵2個を溶いて塩、こしょうで薄く味をつけたものをからめたらおしまい。半熟で火を止めるのがコツ。香菜を加えてもおいしいです。

若竹煮

ゆでた筍　新わかめ　だし汁　その他調味料

筍のゆで方は84ページに載せたので、ここには書きませんが、自分でゆでると、苦いような、甘いような、力みなぎる春の香りが味わえます。私の実家では、筍はいつも醤油の色をしっかりきかせ、ちょっと甘めに煮つけていました。だから、色の薄い上品な味つけを知ったのは、うんと大人になってからです。せっかくの若々しい味は、薄めの方がひき立つし、筍は自分の体に甘みを蓄《たくわ》えているので、砂糖は入れない方がいいと思います。

まず、昆布とかつお節でだし汁をとります。下ゆでして半分に切った筍は、根元の硬いところは1センチ厚さに、まん中は少し厚めに、穂先は三角に切ります。鍋に筍を入れ、ひたひたのだし汁を注ぎます。酒、みりん、薄口醤油、塩を加えて火にかけます。味つけは、醤油の色をつけたくないので、塩を中心にして薄口醤油で香りをつけるくらいの心持ち。みりんの甘みもごくひかえめに。煮立ったら弱火にし、落としブタをして、味が含むまで煮ます。器に盛りつけたら、鍋に残しておいた煮汁を沸かし、出合いものの新わかめをサッと煮て、盛り合わせます。庭に山椒の葉っぱがあれば、たたいてのせてください。

＊翌日、残った若竹煮と煮汁で「筍ご飯」を炊くのも楽しみです。まず、米をといで炊飯器に入れ、煮汁に水を加えていつもの水加減にします。味をみて足りなければ塩を加え、ごま油をひとまわし。短冊でも、イチョウでも、好きな形に切った筍とだし昆布を1枚のせ、普通に炊きます。

海老の洋風カレー

大正海老またはブラックタイガー12尾　玉ねぎ2個　人参1本　トマト1個　にんにく1片　バター　コンソメスープの素　サフラン　カレー粉　カレールウ　その他調味料（4人分）

　このカレーのおいしさは玉ねぎの甘みで生まれるので、何かをしながらでもいいですから、穏やかな気持ちでじっくり時間をかけ、弱火で炒め続けてください。

　海老は尻っぽだけ残して殻をむき、塩水でさっと洗って水けをよくふきとります。ボウルに入れ、すりおろしたにんにく、塩、黒こしょう、オリーブオイルをなじむくらい加え、冷蔵庫に入れておきます。厚手の鍋を弱火にかけ、オリーブオイル大サジ2でみじん切りの玉ねぎを炒めます。フタをすると玉ねぎから水分が出やすくなるので、フタをしては放っておき、しばらくしたら木ベラで混ぜながら、出てきた水分をからめるようにじっくりと炒めていきます。茶色くなるまで炒めたら、バター

10グラムとすりおろした人参を加え、全体がじっとりまとまるまでしばらく炒めます。ざく切りのトマトも加えます。カレー粉大サジ2を加えてざっと炒め合わせ、4カップの水とコンソメスープの素1と½個、ローリエ2枚を加え、沸いてきたらアクをすくって煮込みます。煮込みはじめたら、小さな容器に熱湯大サジ1を入れ、サフランをひとつまみ浸して色を出しておきます。5分ほどおいて、サフランの黄色い汁ごとカレーの鍋に加え、とろみが出てまろやかになるまで煮込みます。カレールウをひと山加えると、味がまとまります。塩で味をととのえ、カレーの味がきまったら、フライパンを強火にかけ、オリーブオイルで海老を焼きつけます。白ワイン⅓カップを加えてあおり、フタをして軽く火を通したら、カレーの鍋に焼き汁ごと加えてください。海老のプリプリをいかすため、ほとんど煮込まずに、ざっと混ぜたらできあがりです。

中国風お焼き

薄力粉200g　餃子の具　サラダオイル　ごま油　その他調味料
（2枚分）

餃子の具が残ったら、あれば五香粉とオイスターソースをほんの少し混ぜ、ぜひ作ってみてください。レシピ②から⑤を図解してみました（96ページ）。
①薄力粉をボウルに入れ、ぬるま湯120ミリリットルをいちどに加えて菜箸で混ぜ、ひとまとめにします。
②打ち粉を多めにはたいた台の上に①を取り出し、薄く（5ミリくらい）のばします。丸でも四角でも、のばしやすい形に。
③サラダオイル大サジ1を、2回に分けて生地の上に薄くぬり、パタンパタンと折りたたんで、またのばすこと2回（これをやっておくと、パイのように層ができて断然おいしくなる）。
④のばした生地を半分に切り、それぞれに餃子の具をしきつめ（まわりはすき間をあけておく）、端からのり巻きのように

くるくると巻きます。

⑤④をまた折りたたんで、なんとなく丸い形に手で押さえ、具がはみ出さないようにしながら、こんどは丸くのばします。直径20センチ（1センチ厚さ）くらいまで。生地がやぶけてはみ出しそうになったら、打ち粉をふりかけながら。

【焼き方】フライパンにごま油小サジ1をひいて強火にかけ、まず片面をしっかり焼きます。とちゅうでフタをして、カリッと香ばしい色がつくまで焼けたら裏返し、弱火にして中までしっかり焼きます。わりとすぐに中まで焼けます（金串をまん中にさしてみて、唇の下の肌に軽く当ててアチッとなったらＯＫ）。残りの1枚も同様に焼き、ピザのように三角に切って、熱いうちに辛子酢醤油でいただきます。

レシピ②〜⑤の図解

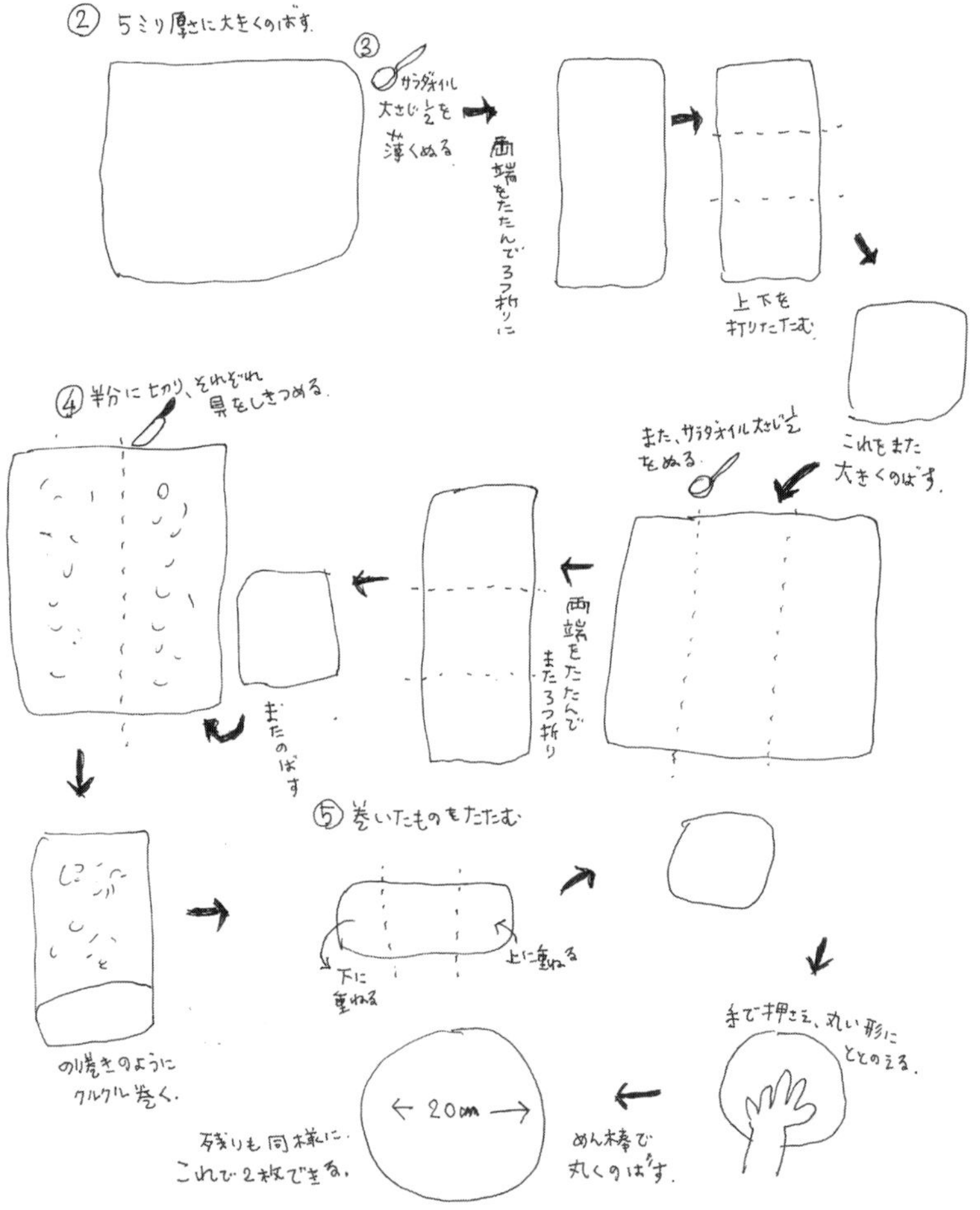

② 5ミリ厚さに大きくのばす。
③ サラダオイル大さじ1/2を薄くぬる。
両端をたたんで3つ折りに
上下を折りたたむ
これをまた大きくのばす。
また、サラダオイル大さじ1/2をぬる
両端をたたんでまた3つ折り
またのばす
④ 半分に切り、それぞれ具をしきつめる。
のり巻きのようにクルクル巻く。
⑤ 巻いたものをたたむ
下に重ねる
上に重ねる
手で押さえ、丸い形にととのえる。
めん棒で丸くのばす。
← 20cm →
残りも同様に。これで2枚できる。

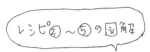

茄子とひき肉のカレー

合いびき肉200g　茄子3本　玉ねぎ½個　にんにく1片　トマトペースト　カレー粉　ガラムマサラ　その他調味料（3人分）

二十代のころにアルバイトをしていた「カルマ」には、「茄子とひき肉のキーマカレー」がありました。けっこう本格的なカレーで、スパイスもいろいろ入っていました。最初にすり鉢でつぶす香辛料はにんにく、生姜に、赤唐辛子。粗めにつぶして水分が少し出てきたところに、黒粒こしょう、カルダモン、コリアンダー、フェンネル、クミン、ディルの順に加えてはつぶし……今でもコツコツカツカツと、すりこぎの当たる音が体の片隅に残っています。何度食べても飽きのこない、本当においしいカレーでした。私のは「カルマ」とは違うとても簡単なレシピですが、ある時オーナーのマルちゃんが発見したかくし味のみそだけは、そのまま引き継いでいます。みそとスパイスがなじむと、なんとなくほっとした味になるのです。

にんにくと玉ねぎはみじん切り、茄子は大きめの乱切りにし、水にさらしておきます。鍋にサラダオイル大サジ1を中火で熱し、にんにくを炒めます。香りが出たら玉ねぎを加え、透き通るまで炒めます。ひき肉を加え、ほぐれる直前まで炒めたら、カレー粉大サジ1をふって炒りつけます。トマトペースト小サジ2とちぎったローリエ1枚を加え混ぜ、3カップの水を加えて、煮立ったらアクをすくい、コンソメスープの素½個を加え混ぜます。フタをして弱火で2〜3分煮ている間に、フライパンを強火にかけ、サラダオイル大サジ2で水けをふきとった茄子を炒めます。皮の色が少し変わるまで炒めたら（このあとで煮込むので、中まで火が通っていなくても大丈夫）カレーの鍋に加え、弱火で煮込みます。茄子がくったりしてきたら、かくし味にみそ小サジ1とウスターソースとガラムマサラを適量加えて混ぜます。カレールウふた山を加え、なじむまでもうしばらく煮てください。

鶏のクリームスパゲティ

スパゲティ200g　鶏もも肉1枚　蕪の葉1株分　椎茸2枚
にんにく½片　生クリーム½カップ　バター　粒マスタード　その他
調味料（2人分）

生クリームは純生の低脂肪（35%）のものをよく使っています。年を重ねるにつれ、濃厚すぎる味つけをあまり好まなくなったせいもありますが、値段もちょっと安いのです。映画の仕事でハワイ島へ行った時、生クリームの種類が豊富なのに驚きました。こってりとした味つけにしたいのか、洋風の味でもあっさりめにしたいのか、食べたい味によって脂肪分の多さを使い分けるのがいいと思います。

鶏肉は大きいまま、すりおろしたにんにく、塩、黒こしょうをまぶしつけ、オリーブオイル大サジ2をふりかけてマリネしておきます。1〜2時間前でもいいけれど、前日にやって冷蔵庫に入れておくと、とてもやわらかくなります。椎茸は肉厚のものを求め、5ミリ厚さに切ります。切り落とした軸もたてに薄切りにします。蕪の葉は4センチ長さに切ります。鶏肉は食べやすい大きさに切っておきます。鍋にたっぷりの湯を沸かし、塩を加えてスパゲティをゆでます。フライパンを強火にかけ、油をひかずに鶏肉を皮目から焼きつけます。焼き色がついたら裏面も軽く焼き、バター20グラムを加えて椎茸と炒め合わせます。酒大サジ2を加えてすぐにフタをし、弱火で蒸し焼きにします。鶏肉に火が通ったら強火にし、スパゲティのゆで汁をお玉に半分ほど加え、ぐるりと混ぜて乳化させます。ここに生クリームを加えて、軽くとろみが出るまで弱火で煮詰め、蕪の葉と粒マスタード大サジ1を加え混ぜ、塩で味をととのえます。スパゲティがゆで上がったら、水けを切ってフライパンに加えてからめ、黒こしょうをふってできあがり。盛りつける器は、スパゲティのゆで汁で温めておくのも忘れずに。

天ぷらうどん

ゆでうどん2玉　ちくわの天ぷら1本　南瓜の天ぷら1枚　小松菜
だし汁　その他調味料（2人分）

肌寒い日やちょっとくたびれた日に、温かいうどん（祖母も母も「おうどん」と呼んでいました）が食べたくなるのは、子どものころの懐かしい味を思い出すからでしょうか。お腹をこわして学校を休んだ日のお昼に、祖母が作ってくれた甘じょっぱい味の卵とじうどん。クリスマスの夜、教会の礼拝帰りに家族みんなで食べた「ふじや食堂」の鍋焼きうどん。高校生になると、家族のために私が天ぷらうどんを作ってあげていました。日曜日のお昼どき、父が散歩がてら近所の揚げもの屋さんで買ってきたかき揚げをのせるのです。父はかき揚げを加えてからしばらく煮込み、とろけるくらいのものが好きだったっけ。そんな思い出のせいか、うちで食べる天ぷらうどんは、スーパーや揚げもの屋さんに売っているものの方がおいしく感じます。

それにしても、あまりに簡単なレシピでごめんなさい。

鍋にだし汁4カップと酒大サジ1、みりん大サジ2、醤油大サジ2と½を合わせ、強火にかけます。煮立ったらゆでうどんを袋から出して加え、弱火でやわらかくなるまで煮込みます。半分に切った天ぷらをのせてフタをし、軽く煮ます。丼に盛りつけ、色よくゆでた小松菜を添え、七味唐辛子をふっていただきます。

ホタルイカと菜の花のスパゲティ

スパゲティ180g　ゆでホタルイカ1パック（約130g）
菜の花½束　にんにく1片　バター　その他調味料（2人分）

ホタルイカは春を呼んできてくれます。寒さがゆるむころに魚屋さんでみかけると、ソワソワしてしまうけれど、出はじめはまだ小振りなので、もうしばらくがまん。4月に入ると並ぶ、ぷっくり膨らんだつやつや光る新鮮なホタルイカは、何もつけずにそのまま食べても、ワサビ醤油や酢みそで食べても、多めのオリーブオイルでにんにくと炒めても、こたえられないおいしさ。日記の中では、ほうれん草と炒めてスパゲティにしているけれど、ここでは菜の花と合わせました。出合いものの菜の花と炒めるのは、「MORIS」の今日子ちゃんから教わりました。菜の花は買ってきたらすぐに水に放ってください。コンパクトに束ねられた菜の花が、数時間たつとボウルからあふれんばかりに膨らんで、私は毎回驚きます。十分に葉が開いたところで新聞紙にふんわり包み、厚手のポリ袋へ。こうしておくと冷蔵庫の野菜室で5日間くらいぴんぴんしています。

鍋にたっぷりの湯を沸かし、塩を加えてスパゲティをゆでます。その間に、にんにくは薄切り、菜の花は3センチの長さに切っておきます。フライパンにオリーブオイル大サジ2を弱火で熱し、油が冷たいうちからにんにくを加えて炒めます。香りが出てきたら強火にし、ホタルイカを加えてザッ、ザッとフライパンをふって炒めます。軽く火が通ったら菜の花を加え、塩をひとふり。ほどよくしんなりするまで炒めたら、バター20グラムを加えて溶かします。スパゲティのゆで汁をお玉1杯ほど加え混ぜ、オイルと乳化させたら、ゆで上げたスパゲティを和えます。黒こしょうをひいてできあがりです。お皿を温めておくのも忘れずに。

アボカド豆腐

アボカド½個　豆腐½丁　青じそ2枚　しらす大サジ1強　ワサビ　ごま油　その他調味料（2人分）

熟れごろのアボカドをみつけると、季節を問わずによく作ります。ビールや白ワインのおつまみにはもちろん、ご飯にのせて食べてもおいしいのです。豆腐は絹ごしでも、木綿でもお好きなものを。豆腐のかわりに、マグロやサーモンのお刺し身をコロコロに切って合わせると、ハワイのポキのようになります。こういうシンプルな料理は、アボカドのおいしさが命。果肉の表面が美しい緑色をした、バターのようにねっとりとなめらかなアボカドで作ってください。

アボカドの種は包丁の刃元の角をつき刺し、軽くひねって取りのぞきます。皮をはがし、食べやすい大きさの乱切りにします。青じそは細切りに、醤油小サジ1とワサビ適量をよく混ぜ合わせておきます。ボウルにアボカドを入れ、豆腐を大まかにくずしながら加えます。青じそをほぐしながら加えたら、ごま油小サジ1とワサビ醤油をまわしかけ、木ベラやスプーンでざっくりと和えるように混ぜます。器に盛ってしらすをこんもりとのせ、できあがりです。

＊ワサビ醤油をポン酢醤油に代えたり、柚子こしょうとごま油を合わせてまわしかけたり。中華風のタレをかける「アボカドやっこチャイナ」（108ページ）も、ビールのいいおつまみになります。

アボカドやっこチャイナ

アボカド½個　絹ごし豆腐¼丁　オイスターソース　ごま油　その他調味料（2人分）

この簡単でとってもおいしい料理は、『本と体』の対談で筒井君がうちにいらした時に作りました。半熟のゆで卵を冷や奴にのせ、同じタレで食べるものもピータン豆腐のような味がするのだけれど、ゆで卵をアボカドに変えてみたら、目からウロコのおいしさだったのです。106ページでも短く紹介していますが、ポイントはただひとつ、ころ合いに熟したアボカドを使うこと。包丁を入れて半分に割った時、バターのようになめらかな緑色の美しい果肉が現れたら大当たりです。アボカドに合わせる豆腐は、なめらかな口当たりの絹ごしがおすすめです。

まず、オイスターソース小サジ1、醤油小サジ1と½、ごま油小サジ1、黒こしょう適量を小さな器に合わせ、よく混ぜてタレを作っておきます。種をのぞいたアボカドは皮をむき、乱切りにして鉢に盛ります。この時、こんもりと盛りつけると、仕上がりがサマになります。絹ごし豆腐を手で大まかにくずしながら上にのせ、タレをかけたらできあがり。刻んだ香菜を添えるのもおすすめです。残った½個のアボカドで、私の好きな食べ方をふたつ。

・アボカドをさいの目に切り、ご飯にのせて、釜揚げしらすをたっぷり。海苔をちぎって、醤油をほんのちょっと落とす。

・乱切りにしたアボカドを、マグロやサーモンのお刺し身と合わせ、ワサビ醤油とごま油少々で和える。あれば青じそを刻んで。

今思いついたのですが、焼き茄子とトマトを粗いみじん切りにして、オリーブオイルと塩、黒こしょうを混ぜ、乱切りにしたアボカドの上にのせるのはいかがでしょうか。チリパウダーを加えるとメキシカン。香菜やディルを刻み入れ、レモンをしぼって食べるのです。

5月

カツオのたたき

カツオの刺し身1サク　貝割れ菜1パック　青じそ5枚　みょうが1個　にんにく1片　生姜1片　細ねぎ2本　レモン　その他調味料（2〜4人分）

カツオがおいしい時季です。本物のたたきは、皮つきのものを買ってきて、皮をじっくり焦がすのだそうですが、家庭でやるとどうしても生臭さが部屋にこもってしまうので、私は皮をむいた刺し身用で作ります。薬味野菜をたっぷりのせて、サラダみたいにいただきます。

まず、カツオの刺し身は厚さ1センチ弱に切って、皿に平らに並べ、冷蔵庫に入れておきます。その間に薬味の準備をしましょう。みょうがは小口切りでも、たて半分に切ってから薄切りにしてもお好みで。貝割れ菜はざく切り、青じそはせん切り、細ねぎは小口切りにします。にんにくと生姜はみじん切りにして、ぜんぶ合わせてボウルに入れておきます。醤油、レモンのしぼり汁、ごま油を2対1対0.5くらいの割合で混ぜ合わせます。レモンはかぼすでもすだちでもライムでもおいしくできます。さて、ご飯も炊けて、他のおかずも用意できたら、カツオの上に薬味野菜をたっぷりのせ、タレをまわしかけ、食卓に運びましょう。

＊長ねぎを白髪にしてたくさんのせてもおいしいし、香菜を刻んでのせても合います。その時は、醤油にナンプラーを加え、黒こしょうを。

豚と大根の梅ナンプラー煮

豚バラ肉ブロック600g　大根½本　長ねぎ（青い部分）1本
生姜（皮つき）2片　梅干し2個　昆布　ナンプラー　その他調味料
（4人分）

スープごと食べるような、わりと薄味の煮物です。煮込み時間は頭で考えずに、大根がやわらかくなって味がしみるまで、1時間でも2時間でも煮込んでください。汁ごとご飯にかけてもおいしいし、うどんやビーフン、焼いたお餅を入れてもいいと思います。

まず、昆布適量を水につけてやわらかくもどし、結び昆布を4つ作っておきます。豚肉を4センチ角に切って大鍋に入れ、酒¼カップと1.5リットルの水（昆布のもどし汁も合わせて）、厚切りにした生姜、長ねぎを入れて火にかけます。煮立ったらアクをすくって弱火にし、40分ほど下ゆでします。出てきた脂はすくい取ります。そこに、大きめに切った大根、梅干し、結び昆布、醤油大サジ1、きび砂糖大サジ2、ナンプラー大サジ4を加え、出てきた脂をすくい取りながら、フタをして弱火で煮込みます。

＊ベトナム風にしたかったら、香菜の根やにんにくを丸ごと加えて煮込んでください。仕上げに、香菜や玉ねぎを刻んで加え、黒こしょうをたっぷりひきましょう。残ったものにカレールウを加えるのも、わが家ではよくします。スープだけ残ったら、炊き込みご飯にするのがおすすめ。といだ米を炊飯器に入れ、スープを加えていつもの水加減にします。ナンプラーや塩、薄口醤油で薄めに味をととのえ、ごぼうや椎茸などをのせて普通に炊いてください。

鶏のピリ辛照り焼き

鶏もも肉1枚　にんにく1片　香菜1株　青じそ10枚　オイスターソース　豆板醤　その他調味料（2人分）

　お惣菜風のエスニック照り焼きです。丼やワンプレートにすると、焼き汁がご飯にしみておいしい。キャベツやレタスをせん切りにして添えたり、たたいた胡瓜を軽く塩もみして添えてもいいですね。焼き海苔をちぎってのせるのも意外と合います。目玉焼きやゆで卵を添えたら、さらに満足。

　鶏肉は半分に切って、すりおろしたにんにく、塩、黒こしょう各少々、ごま油大サジ½をまぶして下味をつけます。油をひかずにフライパンを強火にかけ、鶏肉の皮目から焼きつけます。いじらずに焼いて、おいしそうな焦げ目がついたら裏返し、酒大サジ2をふってフタをし、弱火で中まで火を通します。焼いている間に、醤油、きび砂糖を各大サジ½、オイスターソース小サジ1、豆板醤小サジ½を混ぜ合わせてタレを用意します。

鶏肉に竹串をさして透き通った汁が出てきたら、タレをまわしかけ、強火でからめます。食べやすく切って、香菜と青じそを刻んで添えます。

＊タレの醤油をナンプラーにかえてもＯＫ。その場合はきび砂糖を少し増やして、レモンをしぼって食べるとおいしいです。

鶏レバーの醤油煮

鶏レバー200g　にんにく1片　生姜（皮つき）1片　八角（バラバラにして）1片　その他調味料（作りやすい分量）

この料理はとても簡単にできますが、大切なコツは、煮汁を完全に沸かしてからレバーを加えること。冷たいうちに加えると煮汁がにごって、生臭さが残るような気がします。あとは、当たり前ですが新鮮なレバーを使うこと。煮汁ごと密閉容器に入れて冷蔵庫で保存しておけば、1週間くらいおいしく食べられます。ふいのお客さんのおつまみにも喜ばれるし、ちょっと貧血っぽい日など、私はよくつまみ食いしています。

では、作り方です。レバーは白い脂のところを取りのぞき、大きめに切ります。ボウルに水を張って2回ほどざっと洗い、目立った血の塊は取りのぞき、ザルに上げておきます。新鮮なものは臭みがないので、牛乳や塩水に浸けたりしなくても大丈夫。小鍋に、酒と醤油を各1/4カップと、つぶしたにんにくと薄切りにした生姜（どちらかでもよい）、八角を加えて強火にかけます。沸いてきたらレバーを加えて中火にし、泡が立っている状態で3分くらい煮ます。食べてみて、中まで軽く火が通っていればオーケー。煮すぎない方がおいしいです。そのまま冷まし、密閉容器に移して冷蔵庫へ。薄めにスライスして盛りつけ、長ねぎの細切りと練り辛子を添え、煮汁を少しかけます。

＊香菜をのせ、ごま油を少したらしてもいい感じ。中華風のお粥にのせても合います。

水菜とみょうがとごまの混ぜご飯

米2合　梅干し(大)1個　だし昆布5㎝角1枚　水菜⅓束　みょうが2個　白炒りごま大サジ4　その他調味料（3〜4人分）

白炒りごまのお気に入りをみつけてから、スプーンですくってはおやつに食べています。京都の「菊乃井」という料亭の、ビン入りのものです。香ばしくてナッツのようにおいしいのです。炒らなくてもいいところがまたありがたい。この混ぜご飯にもたっぷり入っています。色もきれいであっさりしているので、お酒のあとに喜ばれるご飯です。水菜はゆでずに生のまま加えますが、ご飯の熱でほどよくしんなりして、いい具合です。水菜はおひたしやサラダにしてもよく食べますが、ざく切りにしてザルにのせ、熱湯をざっとかけまわし、半生のところを冷たい水にサッとくぐらす程度。完全にゆでてしまうより、シャキシャキと歯ごたえが残って、香りもいいので好きです。

米をといでいつもの水加減にし、炊飯器にセットします。

20分ほど浸水したら、だし昆布と梅干しをのせ、普通に炊きます。10分ほど蒸らして昆布を取り出し、ボウルにあけます。昆布は細く切ってもどし入れ、ごま油を一周タラリとまわしかけ、梅干しをほぐしながらサックリ混ぜます。梅干しの種は取りのぞきます。さらに白炒りごまと塩を加え、切るようにして混ぜます。1センチくらいにざくざく切った水菜と、小口切りにしたみょうがを加え混ぜ、大きな鉢にふんわり盛りつけ、ドーンと食卓に出します。焼き海苔を添えて、めいめい手巻きご飯にするのもおすすめです。

めかぶと生わかめの梅醤油和え

めかぶ1パック　生わかめひとつかみ　かつお節　梅種醤油
その他調味料（2人分）

「新もの」のシールが貼られためかぶをみかけると、鮮やかな緑色にひかれて、ついつい買い物カゴに入れてしまいます。めかぶの味のつけ方はいろいろですが、私のお手本は高野文子さんのマンガ『るきさん』。給料日のるきさんが、夕飯の支度をしています。こちらに背を向け、ひじを張って何やら切っています。その背中からしてなんだかおいしそう。こんどはこっちを向いて、菜箸片手に醤油さしを掲《かか》げているシーン。たぶんここで、めかぶに味つけをしているのでしょう。しばらく進んでいくと、ちゃぶ台の上に炊きたてのご飯とみそ汁、漬物が。そして緑色のめかぶを、とろーんとご飯の上にかける。それがおいしそうで、おいしそうで。うちの実家の方には「アラメ」というのがあります。波打った薄べったい昆布のような海藻で、水でもどしてから包丁で細かく切り、ねぎと醤油、かつお節をたっぷり入れて、納豆のようによく混ぜてねばりを出します。子どものころ、それを温かいご飯にとろんとかけて食べるのが大好きでした。るきさんのめかぶは、「アラメ」にも重なっています。飲み屋で出てきためかぶは、ガラスの器に入って、おろし生姜がチョンとのっていました。ポン酢醤油でも、だし醤油でもおいしいめかぶですが、添付のタレだけは使わないでください。繊細なめかぶの味が化学調味料にまるめこまれてしまいますから。

さて、私のレシピです。新もののめかぶと同じ時季に出まわる、生わかめを合わせます。わかめはひと口大に切り、めかぶと合わせて器に入れ、梅種醤油を加えてかつお節をひとつかみ。あとはねばりが出るまでよく混ぜます。

＊梅種醤油は、果肉を使い終えた梅干しの種をビンに入れ、醤油を注いでおいたものです（減ってきたら醤油を加えて冷蔵庫へ）。

親子丼

ご飯　鶏もも肉150g　玉ねぎ½個　卵3個　三つ葉2〜3本
紅生姜　だし汁　その他調味料（2人分）

わが家の親子丼は、煮汁がたっぷりめの「つゆだく」。甘みもひかえめです。スイセイのリクエストでいつのころからか自然とそうなり、私もその味が好きになりました。親子丼はとても気軽にできるので、ついつい強火で一気に煮立ててしまい、鶏肉が硬くなってしまうことがあります。そんなある日、スーパーでみかけた親子丼用の鶏肉の真似をして、いつもより小さめに切ってみました。それを弱火でゆっくり煮てみたら、火の入り具合がとてもよく、ふっくらと煮えたのです。もも肉と胸肉を半々で合わせるのも、歯ごたえと味の変化を楽しめておすすめです。その場合はもも肉を先に煮て、時間差で胸肉を加えてください。

鶏肉は2センチ角に、玉ねぎは5ミリ幅の薄切りに、三つ葉はざく切りにします。鍋にだし汁3/4カップ、酒大サジ1、みりん大サジ1、きび砂糖大サジ1、醤油大サジ2と1/2を合わせ、強火にかけます。煮立ったら玉ねぎと鶏肉を加え、ふたたび煮立ったら弱火にして、ゆっくり煮ていきます。煮ている間に卵を溶きほぐしておきます。鶏肉に火が通ったら（くれぐれも煮すぎないように）いちど強火にし、溶き卵をまわし入れ、三つ葉をちらします。フタをして弱火にし、白身が固まりはじめたら火を止め、そのまま蒸らして半熟にします。どんぶりに盛ったご飯の上に煮汁ごとたっぷりのせ、紅生姜を添えます。

マントゥー

薄力粉200g　グラニュー糖小サジ2　ドライイースト小サジ1
塩ひとつまみ　サラダオイル大サジ1（6個分）

ウーロン茶のCMの仕事をしていた時、上海に住んでいる料理上手なおばあさんのアパートを訪ねては、家庭料理を教わっていました。これはその時に教わったレシピ。蒸したてのホカホカに辛子醬油をつけただけでもとてもおいしいのです。テンメンジャンを塗って焼豚をはさむのが定番ですが、トーストサンドのようにハムエッグをはさむのもおすすめ。粗熱をとったものを170度のきれいな油で黄金色に揚げ、コンデンスミルクをつけて食べるおやつ（金まんという名前でした）もぜひ試してみてください。

【生地作り】薄力粉、グラニュー糖、ドライイースト、塩をボウルに入れ、手でざっと混ぜます。サラダオイルを加え、指の腹をすり合わせて粉と油をなじませるようにさらに混ぜます。

ぬるま湯110ミリリットルをいちどに加えて混ぜ、ひとまとめにします。打ち粉をした台に取り出し、よくこねます。なめらかになったらサラダオイル（分量外）を薄く塗ったボウルにもどし入れ、ぬれ布巾をかぶせて、30度くらいのところで40分〜1時間発酵させます。

【成形】　生地が2倍に膨らんだら、こぶしで押さえてガスぬきし、台の上に取り出します。両手の平で転がして、25センチほどの長さの円筒形にしたら、6等分に切り分けます。

【二次発酵】　8センチ角に切ったオーブンペーパーを、セイロに間隔を開けながら並べ、切り分けた生地をひとつずつ上にのせます。セイロのフタをして、ふたたび30度くらいのところで20分ほどおきます（乾かないよう、ときどき霧をふきながら）。

【蒸す】　鍋にたっぷりの湯を沸かし、セイロをのせて、強火のまま15分ほど蒸します。蒸している間は決してフタを開けないでください。せっかくの膨らみが縮んでしまいます。

ささみのチーズカツ

鶏ささみ4本　プロセスチーズ4切れ　にんにく½片　卵1個
薄力粉　パン粉　バター　キャベツ　その他調味料（作りやすい分量）

　ささみはちょっとでも火を通しすぎると、すぐにパサパサになってしまいます。衣をつけたら油でカラリと揚げるのもおいしいけれど、バターとサラダオイルを熱したフライパンでじくじくと揚げ焼きにすると、火の通りがやわらかく、バターの風味も加わって、フランスの下町の定食屋さんで出てきそうな味になります。

　ささみはまん中にたてに切れ目を入れ、すりおろしたにんにくをすりこんで、軽く塩、こしょうをします。チーズは1切れをたて半分に切っておきます。ささみ1本につき、チーズを2つずつ、切れ目にそってたてに並べてはさみ込み、チーズがはみ出さないようにつま楊枝《ようじ》で2ヵ所ほどとめます。薄力粉、溶き卵、パン粉の順に衣をつけ、サラダオイル大サジ2とバター

20グラムを熱したフライパンに並べます。片面に焼き色がついたら、転がしながら揚げ焼きにします。ちょっと早いかな、というくらいで取り出すと、余熱でちょうどよく火が入っています。つま楊枝をはずし、半分に切って盛りつけてください。私はせん切りキャベツを添え、ソースをかけて食べましたが、マッシュポテトやポテトサラダを添えてもおいしそうです。

ポークソテー、ワサビ醤油&バターのソース

豚ロース厚切り肉（トンカツ用）2枚　にんにく½片　ワサビ
バター　その他調味料（2人分）

ワサビがほんのり香るポークソテーです。日記では、「春キャベツとほうれん草の鍋蒸し炒め」を別の器に盛りつけていますが、粉ふき芋や人参のグラッセ、ゆでたいんげんなどをつけ合わせに、洋風のひと皿にするのもおすすめです。どんぶりによそったご飯の上に、ちぎった焼き海苔をちらし、このポークソテーを焼き汁ごとのせて、青じそや刻みねぎをあしらったトンテキ丼は、子どもたちにも喜んでもらえるのではないでしょうか。ワサビは火を通すと、辛みがずいぶん飛びますから。

豚肉は、脂身と赤身の間に2センチおきくらいに包丁で切り込みを入れます。こうすると焼きちぢみを防ぎ、焼いている間に肉が反り返ることもありません。両面に軽く塩と黒こしょうをふり、おろしたにんにくをすり込んでおきます。小さな容器

に酒大サジ2、醤油大サジ1、ワサビ小サジ½を入れ、よく混ぜておきます。フライパンにサラダオイルを薄くひいて強火にかけ、豚肉を並べ入れます。香ばしい焼き色がついたら裏返し、フタをして弱火にし、中まで火を通します。焼きすぎるとパサパサになってしまうので、ちょっと早いかなというくらいで火を止め、あとは余熱にまかせるようにするとしっとりと焼けます。竹串をさしてみて、透き通った肉汁が出てきたら食べやすく切り、器に盛りつけます。空いたフライパンでソースを作ります。強火にかけたフライパンに合わせ調味料を加え、フツフツしはじめたらバター20グラムを加え、とろみが出るまで混ぜながら軽く煮詰めます。肉の上からまわしかけ、好みですだちをしぼってもおいしいです。

春雨とトマトとレタスのピリ辛炒め

豚バラ薄切り肉60g　春雨40g　にんにく1片　トマト1個
レタス2〜3枚　オイスターソース　トリガラスープの素　豆板醤
その他調味料（2人分）

春雨はひとり暮らしには便利な乾物。ひき肉と甘辛く炒めたり、肉豆腐に加えたり、スープにしたりと突然食べたくなることがあるので、だいたい常備しています。春雨は硬めにもどしておいて、おいしい煮汁をたっぷり吸わせていくのが私は好き。日記の中では昼食にこしらえた「春雨とトマトとレタスのピリ辛炒め」の残りを水でのばし、トリガラスープの素と塩で味をととのえて「サンラータン風春雨スープ」にしています。スープの方は、仕上げにほんの少しの酢と、ごま油かラー油を落としてどうぞ。

春雨はぬるま湯に5分ほどつけ、硬めにもどしておきます。
豚肉は5センチ長さに、トマトはヘタを切り落としくし形切りに、にんにくはみじん切りにします。器にオイスターソース大サジ½、醤油小サジ2、きび砂糖小サジ1、トリガラスープの素小サジ1、湯1カップをよく混ぜ合わせておきます。フライパンにごま油大サジ1とにんにくを入れ、強火にかけて炒めます。香りが立ったら豚肉を加えて炒め合わせ、色が変わってきたら塩、黒こしょうを軽くふり、豆板醤小サジ1を加えて炒りつけます。はねるのでいちど火を止め、調味料の入ったスープを加えて強火にします。煮立ったら春雨を加え、汁を吸わせながらふつふつと炒め合わせていきます。汁けが八割方なくなったらトマトを加えて軽く炒め合わせ、トマトの角が取れたら、大きめにちぎったレタスを加えて強火であおり、完成です。

トマトは赤く熟れたものを使ってください。

じゃが芋もち

じゃが芋（大）3個　片栗粉大サジ1～2　ごま油　その他調味料
（作りやすい分量）

この料理はもともと、「エゾアムプリン」のアムちゃんに教わりました。北海道の郷土料理でもあるらしく、町内の奥さんから手ほどきを受けたんだそうです。大きなすり鉢でつぶした大量のじゃが芋に片栗粉を練り混ぜる時、奥さんの手の平がまっ赤になっていたという話が忘れられません。アムたちは「芋もち団子」と呼んでいました。片栗粉が多いほど、もちっとした食感になります。サラダオイルやオリーブオイルで焼いて、塩をふりかけるだけのプレーンなのも大好きですが、ここではチヂミ風にごま油で焼き、韓国風のタレをつけて食べるレシピを紹介します。

じゃが芋は皮つきのまま鍋に入れ、たっぷりの水を注ぎます。強火にかけ、グラッときたら弱火にし、1時間ほどかけてゆっくりとゆでます。竹串がスッと通るようになったら、熱いうちに皮をむいてすり鉢に入れ、すりこぎでなめらかにつぶします。片栗粉を加え、粉っぽさがなくなるまで手で混ぜ合わせたら生地のできあがり。台の上にラップを広げて半量を包み、転がしながら直径6センチの円柱形に整えます。ぴっちりと包んだら、両端をキャンディーのようにねじって結んでください。残りの生地も同じように包みます。冷蔵庫でしばらく冷やしてから、食べる分だけ1センチ厚さに切ります。フライパンにごま油大サジ1を強火で熱し、じゃが芋もちをすき間を開けて並べます。焼き色がつくまで火加減しながらジリジリと焼き、フライ返しでそっと返します。油が足りなければ加え、裏面も弱火でこんがりと焼いてください。おろしにんにく、コチュジャン、醤油を合わせたタレでどうぞ。

＊生地は冷蔵庫で1週間ほど、冷凍庫で1カ月ほど保存できます。

パプリカチキン&ライス

ご飯　鶏もも肉1枚　玉ねぎ½個　にんにく1片　トマトソース　パプリカパウダー　コンソメスープの素　白ワイン　バター　ゆで卵1個　その他調味料（2人分）

もとはといえばパプリカチキンも、「カルマ」のおすすめメニュー。「ハンガリアン・チキン」と呼んでいました。

では、作り方です。にんにくと玉ねぎはみじん切りに、鶏肉は6等分に切り、塩、黒こしょうで下味をつけておきます。厚手の鍋にオリーブオイルを強火で熱し、鶏肉を皮目から並べ入れます。焼き目がついたら裏返して軽く焼き、中が半生の状態でいちど取り出しておきます。同じ鍋にバター10グラムを加え、弱火でにんにくを炒めます。香りが立ったら玉ねぎを加え、しんなりするまでよく炒めます。鍋に鶏肉をもどし入れ、パプリカパウダー大サジ1をふって軽く炒め合わせます。強火にして白ワイン¼カップを加え、鍋肌を木ベラでこすって、香ばしい焦げつきを鍋に溶かし込みます。トマトソースと水各½カップ、刻んだコンソメスープの素½個、ローリエ1枚を加え、フタをしてときどき混ぜながら、とろみがつくまで30〜40分ほど弱火で煮込み、塩、黒こしょうで味をととのえます。器にご飯、パプリカチキン、半分に切ったゆで卵を盛り合わせてできあがり。好みで、茄子とピーマンを油で焼いて添えるのもおすすめです。

☆トマトソース（作りやすい分量）…厚手の鍋にオリーブオイル大サジ3をひき、薄切りにしたにんにく1片を香りが立つまで炒めます。はねるのでいちど火を止め、トマトの水煮（カットタイプ）1缶と塩小サジ1を加えます。オイルとなじませるようによく混ぜてから、フタをずらしてのせ、弱火にかけます。時々混ぜながら、ぽってりするまで煮てください。

6月

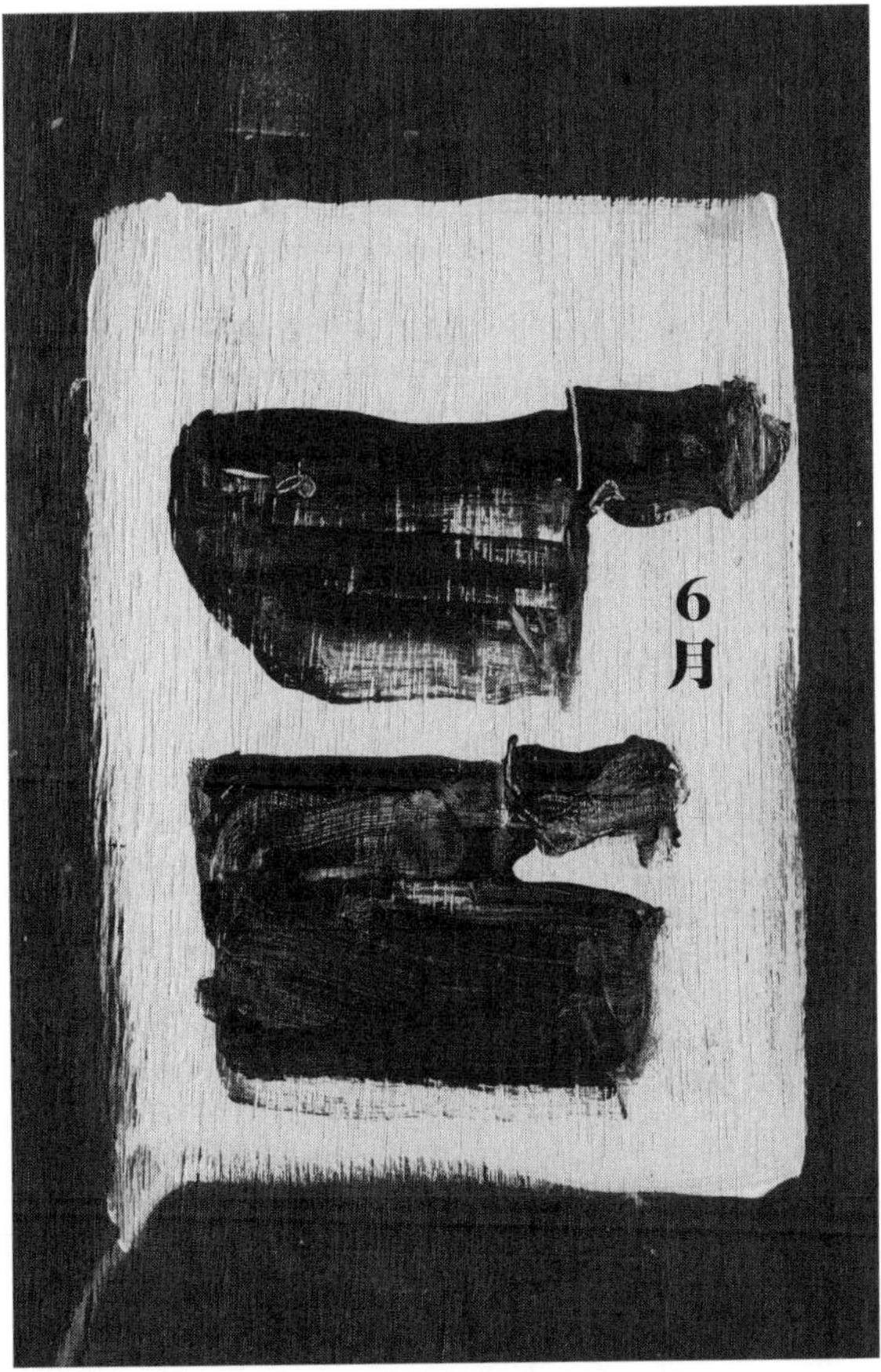

高山家の梅酒

青梅1kg　氷砂糖600g　ホワイトリカー1.8ℓ

この季節になると、梅酒を漬けます。漬けたビンの中は、その日ひと晩だけですが（すぐに変色するので）、緑々《あおあお》としてそれは美しいものです。3ヵ月くらいで飲めますが、どんどん熟成されるので、私は寒くなるまでがまんします。そのフルーティーな味は、ちょっと驚くおいしさです。簡単なので、ぜひ作ってみてください。ひとり暮らしの方も、一年で飲みきれなくても二年、三年と年を重ねるごとにコクが出て、まろやかになるのですから。梅は大粒の、まだ青くて硬いものを選びます。ちょっと値段はは
ってもいいものを選ぶと、できあがりが格段にちがいます。コツはふたつだけ。せっかくの梅に傷がつかないように、ていねいに扱うこと。梅にもビンにも水けが残らないようにすること。

まず、ボウルに梅を入れ、流水でやさしくこすり合わせるよ

うにして洗い、ひとつひとつ布巾で水けをふきとります。密閉できるビンに氷砂糖、梅、氷砂糖……と交互に重ねていき、いちばん上に氷砂糖がくるようにします。ホワイトリカーを注ぎ入れ、フタをして日陰の涼しいところに置いてください。

*傷のある梅は、醬油と酒（1対1の割合でもいいし、醬油だけでもよい）に漬けて冷暗所に置き、梅の醬油漬けに。

陳さんの辛い麻婆豆腐

豚ひき肉150g　木綿豆腐1丁　にんにく1片　長ねぎ（白い部分）⅔本　トリガラスープの素　トウチ　テンメンジャン　豆板醤　その他調味料（4人分）

陳建一さんのレシピをもとに、わが家風の味つけにした、ちょっと手抜きのレシピです。中華料理は、下ごしらえをしっかりやっておくのが肝心。あとは、強火で一気に作りましょう。

まず、小さな容器に刻んだトウチ小サジ1、テンメンジャン大サジ3、豆板醤大サジ1を合わせておきます。湯350ミリリットルをボウルに入れ、トリガラスープの素大サジ1を溶かします。長ねぎは粗みじん切り、にんにくはすりおろします。木綿豆腐を大きめのさいの目に切り、かぶるくらいの水を加えて火にかけます。煮立ったら弱火にしてゆらゆらと5分くらいゆで、火を止めて、冷めないようにそのままおきます。ここまでが下ごしらえ。中華鍋かフライパンを強火にかけ、ごま油大サジ1でひき肉を炒めます。色が変わってきたら、すりおろしたにんにくと、合わせ調味料を加えて炒りつけます。トリガラスープと酒大サジ2を加え、沸いてきたらゆでた豆腐をザルに上げて加えます。ふつふつと煮立ってきたら刻んだねぎを加え、あれば山椒の粉もたっぷり加え、水溶き片栗粉でとろみをつけます。

*豆腐のかわりに、ひき肉を炒めてから茄子を加えて炒めれば麻婆茄子に。トリガラスープを加える時に白菜を加えれば、麻婆白菜になります。麻婆豆腐の仕上げに、ニラをたっぷり刻み入れたり、夏にはゴーヤーを入れたりもします。いちおう4人分ですが、わが家ではこれを2人で食べ切ってしまいます。麻婆豆腐って、玄米ご飯ととても相性がいいのです。

辛い焼き飯

玄米ご飯　スパム4㎝　玉ねぎ½個　ピーマン3個　にんにく（大）1片　豆板醤　バター　目玉焼き2枚　その他調味料（2人分）

玄米チャーハンはよく作りますが、だいたいはナンプラーや醤油味の無難なものでした。ためしにケチャップ味にしてみたらとても相性がよく、チキンライスやオムライスもおいしくできるのを発見。玄米だからといって、ストイックに考えることはないですね。チャーハンの他にも、洋風のスープに加えたり、チーズをのせて焼いたりと、まるでパスタのように変幻自在です。玄米ご飯を炒めるコツは、フライパンいっぱいに広げてよく焼きつけ（いじらずに放っておく）、お焦げを作ることです。お焦げができたら返し、また広げ、のくり返し。これで香ばしいチャーハンができます。白米と違って玄米には独特のクセがあるので、軽く炒めるだけでは生臭く、べたついた感じになってしまいます。

ではレシピです。まず、ケチャップ大サジ4、すりおろしたにんにく、豆板醤小サジ½を混ぜ合わせて辛いケチャップを作っておきます。日記では市販のサンバルソース（インドネシア産のチリソース）を使っていますが、これでけっこうそっくりな味になります。スパムも玉ねぎもピーマンも、1センチ角のさいの目切りにします。フライパンにサラダオイル大サジ1（スパムの油の量によって加減）を熱して、強火で玉ねぎを炒めます。しんなりしてきたらスパムを加え、軽く炒めます。玄米ご飯とバター10グラムを加えてよく焼きつけながら、ピーマンをとちゅうで加え、炒め合わせます。辛いケチャップを加えて全体になじませ、器に盛ります。目玉焼きをのせ、レタスや胡瓜など好みの野菜を添えてめしあがれ。

レタスと海苔のサラダ

レタス½個　焼き海苔1枚　その他調味料（2人分）

レタスは一年中あるけれど、春から初夏にかけて切り口のところがまっ白で、大きくて、いかにも元気そうなものが出てきます。長野県で作られる、高原レタスという名前を見かけると、迷わず買ってしまう。新鮮なレタスは、まずは塩をふりかけてもりもり食べましょう。そのままだとガサガサして食べにくければ、ちょっと手でもんでやるのがポイント。塩だけで軽くもんでもいいし、レシピのように他の調味料をかけてから、なじませるようにもんでもいい。海苔を加えずにレタスだけでも、青じそやみょうが、せん切りの新生姜、ちりめんじゃこやかつお節も合います。酢が少なめの、お浸し感覚のサラダです。

レタスは流水で洗い、ざっくりちぎって布巾の上に広げます。布巾で包むようにして水けをとりながら、ボウルにあけます。ごま油、サラダオイル、オリーブオイルなど、好みの油をひとまわしかけ、塩、醤油、酢を少量ずつ加え、軽くもみます。レタスと同じくらいの大きさにちぎった海苔を加え、黒こしょうをひいてできあがり。

ラム焼き肉の葉っぱ巻き

ラム焼き肉用250g　玉ねぎ½個　にんにく1片　白炒りごま大サジ½　サニーレタス　青じそ　ニラ　香菜　キムチ　自家製焼き肉のタレ　その他調味料（2人分）

台所でお肉をいちどに焼いてしまい、ジュージューいっているところをフライパンごと食卓に出し、キムチといっしょに葉っぱで巻いて食べるという、気楽な焼き肉です。市販の焼き肉のタレを使う時は、醤油やごま油、おろしにんにくやコチュジャンなどを補って好みの味つけにするといいと思います。タレが苦手な方は、塩と黒こしょう、長ねぎの刻んだものとごま油を肉にもんでおき、食べる時に柚子こしょうとみそを合わせたものをつけたらいかがでしょう。

ラム肉は、自家製焼き肉のタレ（57ページ）大サジ1と½、ごま油小サジ1、すりおろしたにんにく、白炒りごま、黒こしょうを加えてもんでおきます。玉ねぎは1センチ厚さの輪切りにします。サニーレタスは大きめにちぎり、青じそはたて半分切り、ニラは10センチ長さ、香菜はざく切りにして、ザルまたは大皿に盛り合わせておきます。キムチも器に盛りつけ、つける用の焼き肉のタレはめいめいの取り皿に用意しておきます。フライパン（できれば鉄製の、またはすき焼き用の鉄鍋）を強火にかけ、ごま油をひいてラム肉を炒めます。あまりいじらずに焼きつける感じです。焼けてきたら片側によせ、空いたところで玉ねぎも炒めます。あとは食卓に出し、焼けた肉にタレをつけながら、キムチといっしょに葉っぱに包んで食べましょう。私は、玄米ご飯をちょっとのせて、いっしょに巻いて食べたりもします。お肉は牛のカルビでもモモでもロースでも、なんでもおいしくできます。

上海風焼きそば

中華生麺（平麺）2袋　牛コマ切れ肉80g　チンゲン菜2株　長ねぎ（白い部分）10㎝　生姜1片　トリガラスープの素　オイスターソース　その他調味料（2人分）

　中国での仕事（ウーロン茶のCMのフードコーディネーター）の日々、スタッフみんなで囲む夕食に、必ずといっていいほどこの焼きそばが出てきました。肉は入ったり入らなかったりレストランによっていろいろでしたが、チンゲン菜などの青菜だけは必ずたっぷり取り合わせてありました。もうひとつ共通なのは、どこのも濃い醤油色の平麺。初めて食べた時には、色に反してあっさりめの味つけに驚きました。濃厚そうに見える色は、中国の濃口醤油が使われているせいだと思います。日本に帰ってきて、スイセイが好きそうな味に作ってみました。私のレシピはオイスターソースで色とコクを出し、醤油はほんのちょっとです。

post card

料金受取人払郵便

浅草局承認

8037

差出有効期間
2024年
6月30日まで

111-8790

051

東京都台東区蔵前2-14-14 2F 中央出版
アノニマ・スタジオ
暦レシピ 係

本書に対するご感想、高山なおみさんへのメッセージなどをお書きください。

このはがきのコメントをホームページ、広告などに使用しても　可　・　不可　（お名前は掲載しません）

暦レシピ

2/230307

この度は、弊社の書籍をご購入いただき、誠にありがとうございます。今後の参考にさせていただきますので、下記の質問にお答えくださいますようお願いいたします。

Q/1. 本書の発売をどのようにお知りになりましたか？
□書店で見つけて　□Web・SNSで（サイト名　　）
□友人、知人からの紹介　□その他（　　）

Q/2. 本書をお買い上げいただいたのはいつですか？　年　月　日頃

Q/3. 本書をお買い求めになった店名とコーナーを教えてください。
店名　コーナー

Q/4. この本をお買い求めになった理由は？
□著者にひかれて　□タイトルにひかれて
□『日々ごはん』シリーズが好き　□デザイン・絵にひかれて
□その他（　　）

Q/5. 価格はいかがですか？　□高い　□安い　□適当

Q/6. 暮らしのなかで気になっているテーマや事柄を教えてください。

Q/7. 普段読んでいる雑誌やwebマガジン、チェックしている媒体を教えてください。

Q/8. 高山なおみさんの著作のなかで、好きな本を教えてください。

Q/9. あなたのよく作る料理や得意料理を教えてください。

名前

住所　〒　－

職業　ご年齢

-mail

今後アノニマ・スタジオからの新刊、イベントなどのご案内をお送りしてもよろしいでしょうか？　□可　□不可

ありがとうございました

牛コマ切れ肉は食べやすく切り、塩、黒こしょう、酒小サジ1、ごま油小サジ1で下味をつけておきます。生姜と長ねぎは粗みじん切り。チンゲン菜は根元を切り落としてバラバラにし、緑の葉は5センチ長さのざく切り、白いところはたて半分にしてから同じ長さに切ります。たっぷりの湯を沸かして麺を硬めにゆでます（袋の表示の半分くらいの時間でOK）。ザルに上げてよく水けを切り、ボウルにあけてごま油少々をまぶし、油をからめながらほぐしておいてください。中華鍋を強火にかけ、充分熱くなったらごま油大サジ1で生姜を炒めます。香りが出てきたら長ねぎを加えてざっと炒め、牛肉をほぐしながら炒めます。色が変わってきたところでチンゲン菜を加え、トリガラスープの素小サジ½をふって炒め合わせます。しんなりする前に酒大サジ2、オイスターソース大サジ1と½、醤油大サジ½を加え、麺を加えて炒め合わせます。こしょうをふってできあがり。ここでのこしょうは、白がおすすめです。

鶏手羽先の塩焼き

鶏手羽先200g　その他調味料（2人分）

山の家の台所にはカセットコンロがひとつしかなく、調味料も塩、醤油、みそ、こしょうくらいしかありません。水道の水も外の流しからホースで引いているので開け閉めが面倒なため、ボウルにためて大切に使うようになりました。不便な台所だと、あるもので工夫をするクセがつきます。何のことはない、このレシピもたまたまとっておいた鍋焼きうどんのアルミ鍋をフタがわりにかぶせてみたら（最初にやったのはスイセイです）、フライパンの表面が狭い壁に囲まれ、オーブンのようになって、鶏肉がとってもいい具合に焼けたというもの。山の家では、台所の床の上に直にカセットコンロを置き、焼き上がったものから皿に取り分け、熱々を食べています。手羽先だけでなく、手羽元でも手羽中でも上手に焼けます。

手羽先は羽の先の部分を切り落とします。フッ素樹脂加工のフライパンを中火にかけ、油をひかずに手羽先の皮目を下にして並べます。塩をふり、すぐにアルミ鍋をかぶせて弱火にします。できるだけフタを開けず、時間をかけてじりじりと焼いてください。洗濯ものをたたみながら、忘れてしまうくらいでも大丈夫。カリッとした焼き目がつくころには、表側の肉が白くなっているはず。この状態でほぼ火が入っているので、裏は軽く焼くだけでオーケーです。黒こしょうをひいてできあがり。柚子こしょうやワサビをつけて食べてもおいしいです。

＊フライパンに残った脂は鶏の旨みが出ているので、もやし、ニラ、ほうれん草、ピーマン、きのこなどを炒めてみてください。脂の中には塩けもあるから味つけはひかえめに。切りはなした手羽の先は、生姜をきかせて甘辛く煮たり、スープのだしにしてください。

厚揚げと豚肉のピリ辛炒め

豚コマ切れ肉120g　厚揚げ1枚　小松菜2株　にんにく1片
生姜1片　豆板醤　トリガラスープの素　オイスターソース
その他調味料（2人分）

日記には出てきませんが、ここでは仕上げに小松菜を加えてみました。ひとり暮らしの今の私には、フライパンひとつで完成し、野菜もたっぷりとれるこんな一品がとても嬉しい。わりとしっかりめの味つけなので、丼にも向きます。仕上げに加える野菜はニラや豆苗、夏だったら薄く切ったゴーヤーもいいかもしれません。厚揚げの量を減らし、しめじを加えてもおいしそうです。

にんにくと生姜はみじん切り、豚肉は4センチ幅、小松菜も4センチ幅に切ります。厚揚げはたて半分にしてから1センチ厚さに切り、軽く湯通ししてザルに上げます。トリガラスープの素小サジ1は1カップの湯に溶いておきます。フライパンにごま油大サジ1を熱し、にんにくと生姜を炒めます。香りが立ってきたら豚肉を広げて強火で炒め、白っぽくなったら厚揚げを加えて軽く炒め合わせます。豆板醤小サジ1を加えてざっと炒め、はねるのでいちど火を止めて、トリガラスープ、オイスターソース大サジ1、きび砂糖小サジ2、醤油大サジ½を加えます。再び強火にかけて、厚揚げに火が通るまでしばらく煮、小松菜を加えてざっと混ぜます。小松菜が半生なくらいで水溶き片栗粉適量を流し入れ、木ベラで大きく混ぜ、とろみがついたらできあがりです。小松菜は色鮮やかに、歯ごたえよく仕上げてください。

豚肉とピーマン炒め丼

ご飯　豚コマ切れ肉150g　ピーマン2個　玉ねぎ½個　南瓜
キムチ　自家製焼き肉のタレ　その他調味料（2人分）

焼き肉のタレは市販品を使うこともありますが、味が平坦だし、甘みが強すぎる気がして、ひとビン買ってもとちゅうで飽きてしまいます。私の焼き肉のタレ（57ページ）は材料も少なくとても簡単なので、ぜひためしてみてください。まずはこの分量で作ってみて、味が気に入ったら2倍量を。空きビンに入れて、冷蔵庫で2ヵ月近くもちます。

豚肉は食べやすく切り、塩、黒こしょうをふって軽く下味をつけておきます。玉ねぎは8等分のくし形切りに。ピーマンは半分に切ってワタと種を取りのぞき、1センチ幅に切ります。南瓜は5ミリ幅の食べやすい大きさに、8切れ用意してください。フライパンにごま油小サジ2を強火で熱し、まず南瓜を焼きます。火加減を調節しながら、両面にこんがりとした焼き目がつき、竹串がスッと通るまで焼いたら、どんぶりに盛ったご飯の端に扇状に並べます。同じフライパンに、油が足りないようならごま油を加え、豚肉を広げて強火で焼きます。肉の色が白っぽくなってきたら裏返し、玉ねぎを加えて炒め合わせます。玉ねぎがしんなりしたら、ピーマンを加え、炒めます。ピーマンに火が通ったら、はねるのでいちど火を止め、焼き肉のタレ大サジ3を加えます。強火でからめ、ご飯の上に焼き汁ごとのせ、キムチを添えます。

南瓜とじゃが芋のサラダ

南瓜1/8個（種をのぞいて約200g）　メイクイン2個　クリームチーズ50g　マヨネーズ　粒マスタード　その他調味料（作りやすい分量）

「クウクウ」で働いていたころ、ランチに添える小さなおかずとしてよくこのサラダを作っていました。南瓜は切らずに皮つきのまま、じゃが芋も丸ごとセイロで蒸すと、ホクホクねっとりします。男爵でもおいしくできますが、メイクインですることさらにきめ細かく、南瓜と合わさることで、ほんのり甘めのクリーム色のマッシュポテトのようになります。味のポイントはクリームチーズと粒マスタード。食べる前に黒こしょうをひいてください。

南瓜はできるだけワタをつけたまま（ここが甘くておいしいところ）種だけをのぞいて、皮をむかずに用意します。メイクインはタワシで泥を洗います。湯気の上がったセイロに南瓜と

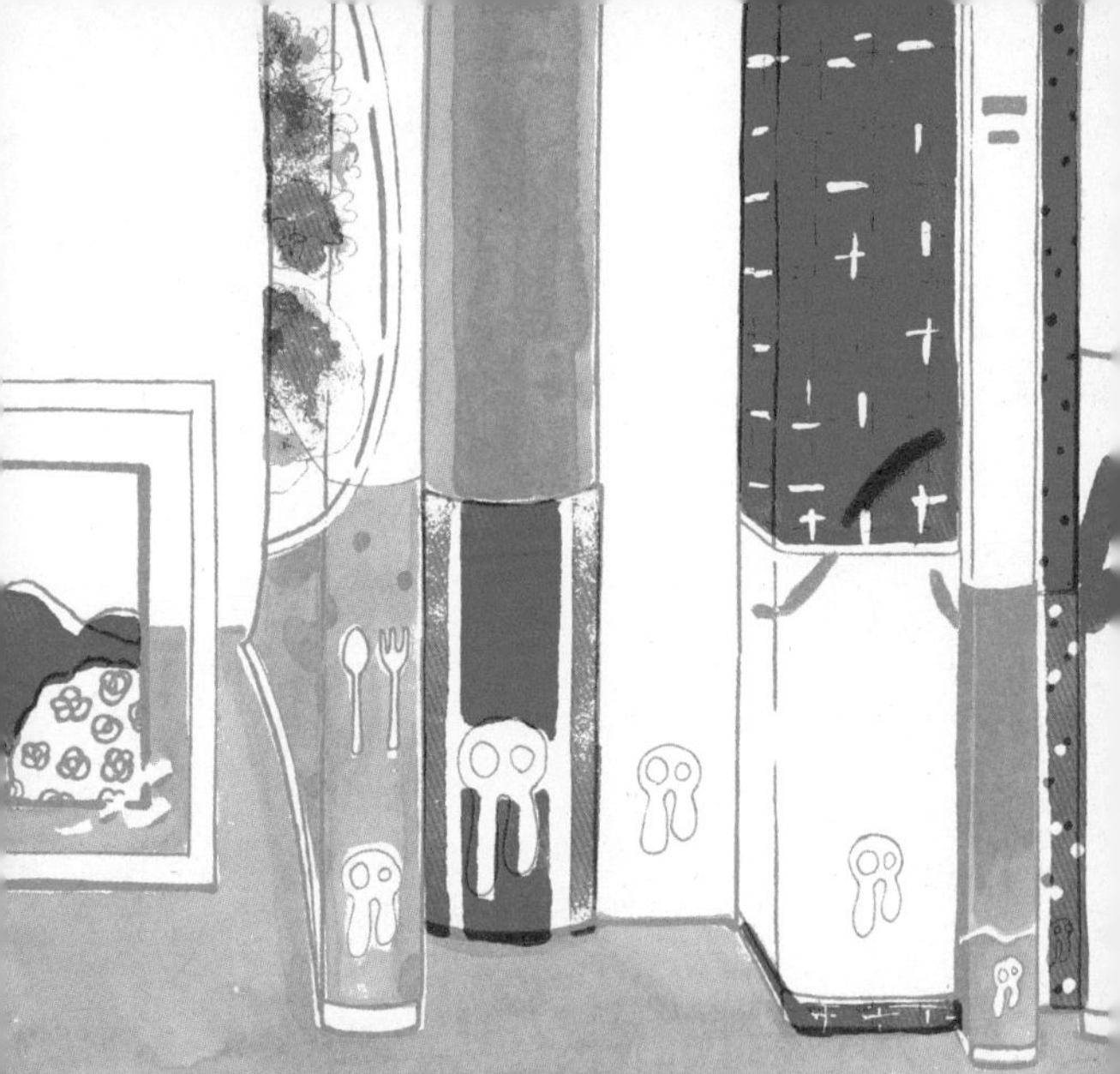

アノニマだより

アノニマ・スタジオ 20周年特別号　40

アノニマ・スタジオは、
風や光のささやきに耳をすまし、
暮らしの中の小さな発見を大切にひろい集め、
日々ささやかなよろこびを見つける人と一緒に
本を作ってゆくスタジオです。
遠くに住む友人から届いた手紙のように、
何度も手にとって読みかえしたくなる本、
その本があるだけで、
自分の部屋があたたかく輝いて見えるような本を。

これは、アノニマ・スタジオの本に
ひっそりと入っていることば。

本の種をかんがえている時、
本を作っている時、
本になってから読んでいる時、
何度も目にして読み、
あるときは唱えたり祈ったり、
いつもかたわらにあることばです。

アノニマ・スタジオは、
2003年にスタートし、今年で20周年を迎えます。
本にかかわるすべての方に感謝申し上げます。
このことばをまんなかにして、一冊ずつ、
これからも本を作って、お届けしていきます。

アノニマだよりは、読者のみなさまと
アノニマ・スタジオをつなぐお手紙です。
新しく作った本、おすすめの本、
作っている本のことなどをご紹介します。
アノニマ・スタジオの本が、
あなたの暮らしの中の大切な時間を見つける
お手伝いになれば、と思います。

20th

20周年
特集ページ

メイクインを並べ入れ、竹串がスッと通るまで、やわらかく蒸します。南瓜が先にやわらかくなるのでボウルに取り、ペティナイフで皮を薄くそいだら（皮は塩をふって食べてしまってください）、すりこぎで粗くつぶしておきます。メイクインがやわらかくなったら、熱いうちに皮をむいて南瓜のボウルに加え、つぶします。ところどころかたまりを残しても、なめらかにつぶしても、お好みで。南瓜とメイクインが温かいうちに塩を軽くふり、下味をつけておきます。クリームチーズを加えて溶かしながら混ぜ、マヨネーズ大サジ2と粒マスタード小サジ1を加え、ざっくり混ぜたらできあがり。

＊容器に移し入れ、冷蔵庫で5日間ほど保存可能。お弁当のおかずにも向きます。

牛肉のしぐれ煮の混ぜご飯

ご飯　牛コマ切れ肉150g　生姜1片　その他調味料（作りやすい分量）

甘辛い牛肉のしぐれ煮は日持ちがするので、冷蔵庫にあると嬉しいおかず。生姜を切らしている時には、粉山椒や黒七味を仕上げにふりかけて風味をつけます。コチュジャンを小サジ1ほど加え、韓国風のしぐれ煮にするのもおすすめ。日記にも出てくるように、大豆を炊き込んだおにぎりにのせ、青じそや焼き海苔に包んで食べるのです。

では、まず牛肉のしぐれ煮の作り方から。牛肉はひと口大に切り、生姜は皮をむいてせん切りにします。鍋に酒、醤油各大サジ2、みりん大サジ1と½、きび砂糖小サジ1を合わせて強火にかけ、スプーンで混ぜながらひと煮立ちさせたら牛肉を加え、菜箸でほぐしながら煮ます。肉の色が変わってきたら、生姜と、あれば山椒の佃煮を加え、煮汁がなくなるまで炒りつけます。
混ぜご飯は、温かいご飯をボウルに入れ、しぐれ煮を適量加えて合わせます。小口切りの細ねぎ、炒りごまを好きな量だけふりかけて、しゃもじでさっくり混ぜればできあがり。夏には枝豆やとうもろこし、胡瓜の塩もみ、みょうが、青じそを刻み入れ、大皿に盛ってみてください。彩り豊かになって、家族やお客さんに喜ばれます。

*この混ぜご飯は、紅生姜がとても合います。

南瓜＆とうもろこしのポタージュ

南瓜（皮と種をのぞいて）70ｇ　クリームコーン　豆乳　その他調味料（1人分）

亡くなる少し前、流動食しか受けつけなくなった母のために、実家の台所でこしらえ、病院に持っていったポタージュ・スープ。ひと肌くらいの温度のやさしい甘みのスープです。このころの私は、病院の近くにあるスーパーまで散歩に出かけるのが息ぬきで、よく店内をじっくりと見てまわっていました。そんなある日、豆腐や卵豆腐の他に母が食べられそうなものを探していると、とうもろこしの薄皮をほとんど感じないクリームコーンをみつけました。缶詰ではなく、真空パックに入ったもの。日記にも書いた通り、母にこのスープをひと口食べさせたとたんに、とろんとしていた目がパッと明るくなりました。「おいしい！」という目でした。材料を混ぜ合わせただけの、ポタージュという名で呼ぶのもおこがましいようなスープですが、料理ってすごいものだなあと感じ入った瞬間でした。

南瓜はひと口大の乱切りにし、小鍋に入れて、ひたひたよりも少なめの水と塩ひとつまみを加え、フタをして中火にかけます。煮立ったらごく弱火にし、南瓜がやわらかくなるまで煮ます。この時、水分が少なくて心配になるかもしれませんが、きっちりとフタをして煮れば大丈夫。南瓜からも水分が出てくるので、蒸しゆでのような状態になるのです。もしも焦げつきそうになったら、少しだけ水を補ってください。火を止め、鍋の中で南瓜をつぶします。クリームコーン大サジ3を加え混ぜ、なめらかになったら、豆乳適量を冷たいまま少しずつ加えながら、泡立器でゆっくりとのばし、好みのとろみ加減にします。茶こしでこしたらできあがり。

＊お好みで塩やこしょうを加えてください。

7月

茄子の煮浸し、生姜風味

茄子4～5本　生姜　みょうが　だし汁　その他調味料（4人分）

夏野菜がおいしい時季です。茄子の他にも、ピーマン、いんげん、胡瓜、トマト、南瓜、ゴーヤー、とうもろこしなど、毎日食べても飽きない元気な野菜ばかりです。夏のじゃが芋も冬のものとはまた違って、みずみずしくおいしいので、丸ごとゆでるやり方でもぜひ食べてみてください。

では、茄子の煮浸しのレシピです。ひと袋買ってきたら、いちどに作って鍋のまま冷蔵庫に入れておいて、翌日の冷たいのもまたおいしい。茄子は、ヘタのひらひらしたところだけ切り取り、たてに何本も包丁を入れる（7ミリ間隔くらいでしょうか）。これは味がしみやすいようにするためなので、あまり深く入れないでください。茄子がヒタヒタにつかるくらいのだし汁を鍋に沸かして、酒、醤油、みりんを加え、温かいお蕎麦のつゆよりもちょっと濃いめの汁を作ります。甘いのが嫌いな方はみりんを少なめに。沸いてきたら茄子を入れて落としブタをし、弱火でコトコトとやわらかくなるまで煮るだけ。そのまま粗熱をとって、食べる時に生姜とみょうがのせん切りと、ごま油をひとたらしします。私はヘタまでぜんぶ食べてしまいます。

納豆のみそバター炒め

納豆2パック（100g）　焼き海苔½枚　にんにく2片　バター　その他調味料（2人分）

もと「クウクウ」スタッフのサンは、秋田県出身です。秋田県人がみなそうなのかは分からない（と、自分でも言っていた）けれど、彼の家では納豆にみそと砂糖を入れるそうです。砂糖なんて……と、最初は気持ち悪がっていた私たちも、賄《まかな》いで作ってもらってからは、大好物になりました。このレシピは、それを炒めたらどうなるのだろうと、私が実験してみたのが最初。炒めている時の匂いは強烈で嫌がられるけれど、そのおいしさはちょっと意外な香ばしさ。納豆嫌いのスタッフも、「おいしい！納豆くさくない！」と言って食べたほど。テレビでも紹介したレシピです。手順はあまりに簡単ですが、とにかくしつこめに炒めるのがコツです。

フライパンにごま油大サジ1とにんにくのみじん切りを入れ

て、中火で炒めます。こんがりと色づいて香りが出てきたら、バター20グラムと納豆をいちどに加え、強火にしてほぐしながら木ベラで炒めます。ほぐれてきたらみそ大サジ2と砂糖小サジ1を加えます。はじめのうちねばりが強かったのが、だんだん弱まってくるまでよく炒め、焼き海苔をちぎって加えます。ご飯にのっけて食べるのはもちろん、青じそやレタス、サラダ菜で包んで食べてもおいしいです。玄米ご飯にもかなり合います。

バジルペースト

バジルの葉（ぎゅうぎゅうに詰めて）2カップ　松の実80g　にんにく
オリーブオイル1カップ弱　その他調味料（作りやすい分量）

ミカさん（編集者の丹治君の奥さん）のバジルペーストは、にんにくも塩味もひかえめで、家庭料理にぴったりの万能選手です。知り合いの畑でたくさんもらった時などに、最初はいろんな本を見ながらやっていたそうですが、何度も作っているうちに、このシンプルなレシピに落ち着き、今ではその時々のバジルの葉っぱの状態を見ながら、目分量でやっているそうです。今回作り方を教えてもらいながら私も作り、分量を出してみました。「ペーストの味つけをわざと最低限にしておいて、オイルやチーズやにんにくや黒こしょうは、作る料理によってそのつど加えている」というのが、とてもいい考えだと思います。

フードプロセッサーで松の実を砕き（油が少し出るまで）、半量のオリーブオイルを加えて軽くまわします。バジルの葉（葉だけちぎって洗い、よく水けをふきとっておく)、残りのオリーブオイル、すりおろしたにんにく小サジ1、塩小サジ½を加え、さらにフードプロセッサーにかけます。この時、オリーブオイルはいちどに加えず、ゆるさをみながら足していく。「バジルによって水分の多さなどがすごく違うから、混ざり具合をみながら適当に加える」そうです。できあがりはオイルが勝ちすぎずに、ほどよく硬めな感じ。保存ビンに入れて、オリーブオイルで表面にフタをしておけば、冷蔵庫で3ヵ月くらい大丈夫です。

*私はこのバジルペーストに醤油をちょっと加えて、炒めものやパスタにするのに凝っていましたが、ミカさんのおすすめは、タコを小さく切ってにんにくとオリーブオイルで炒め、バジルペーストを加えてレモンをたっぷりしぼり、パスタに和えるというもの。この場合は、チーズを入れない方がいいそうです。

エリンギの網焼き

エリンギ1パック　その他調味料（2人分）

エリンギは一年中あるけれど、夏が近づくと安くなるのでしょうか。うちの近所のスーパーでも、1パック100円で売られています。冷蔵庫の野菜室にパックのまま保存しておいても、1週間くらいはピンピンしている。意外と保存がきくところも心強いし、炒めものにも、炊き込みご飯にも、パスタにも、つけ合わせにもなんにでも合う。何かもう一品ほしい時、うちではシンプルな網焼きがよく登場します。あまりに単純ですが、網焼きは油も使わないし、香ばしい焦げ目が調味料になるから、素材そのものの味を食べるには、いちばんの調理法だと思います。焼き加減が分からなくてつい焼きすぎてしまう方は、焼きながら食べてみてください。エリンギは生でも食べられるくらいなのだから、まわりだけ焦げ目がついていれば充分。中まで完全に火を通してしまうと、おいしさが水分となって逃げていってしまいます。

エリンギは根元に包丁を入れ、手で裂きます。細くしすぎると焦げやすいので、割り箸2、3本分くらいの太さでしょうか。焼き網を強火にかけ、エリンギをのせます。焦げ目がついたら転がしながら、焼けたところから器に盛ります。菜箸が焦げるので、金属のトングでやってください。トングがなければ、焦げてもかまわない箸を網焼き専用にするといいでしょう。基本は塩と黒こしょうですが、ごま油をちらっとまわしかけたり、醤油、ナンプラー、すだちやかぼすをしぼっても。焼いたものをお吸いものにしたり、炊き込みご飯にすると、その香ばしさにびっくりします。

たたき胡瓜いろいろ

胡瓜2本　その他調味料

夏野菜が最盛期を迎えています。この時季、畑の胡瓜は朝と夕方の2回もいでやらないとならないので、「追いつかないっスよー」と、農家の清水さんが汗をかきながらこぼしていました。成長が早くて、買ってあげた洋服がすぐに着られなくなってしまう小学生の親のような気持ちでしょうか。朝のうちには10センチ足らずだったのが、太陽を浴びてグングン大きくなり、夕方にはいっちょまえにトゲも生えそろった立派な青年胡瓜に育っているそうです。その話を聞いてからというもの、真夏はとにかく胡瓜をよく食べるようになりました。まず、塩やみそをつけて丸かじり。次によくするのがたたき胡瓜です。基本は塩とごま油ですが、そこにみょうがや青じそを刻んで混ぜたり、梅干しをたたいて醤油をほんの少し加えたり。ナンプラー少々と、香菜やミント、青じそをちぎってたっぷり合わせ、レモンをキュッとしぼってベトナム風にしたり。唐辛子に生姜のせん切り、オイスターソースで中華風にしたり。

最近、コマーシャルの仕事で中国によく出掛けるのですが、前菜によく出てくる胡瓜とにんにくを和えたものが大好きです。胡瓜の種類もいろいろ、切り方も盛りつけもいろいろ。皮をむいた翡翠色の上品なもの、デコボコの皮をいかし、皮だけを料理したカリコリと歯ごたえのいいものもありました。塩で軽くもんで、ほんの少しの砂糖と酢、みじん切りのにんにくを加え、熱したごま油をまわしかけて冷蔵庫で冷やすそうです。

では、基本のたたき胡瓜のレシピです。胡瓜2本はヘタを切り落とし、すりこぎなどでたたいて割れ目を入れ、手でおおまかに割りほぐしながらボウルに入れます。塩小サジ½をまぶし、水が出るまでしばらくおいたら、出てきた水分を軽く切り、ごま油小サジ1をまぶして黒こしょうをひいてできあがりです。

丹治君のカルボナーラ

スパゲティ140g　ベーコン（ブロック）50g　卵2個　粉チーズ大サジ3　オリーブオイル　その他調味料（2人分）

もともとテレビでやっていたのを、編集者の丹治君が作りやすくアレンジしたカルボナーラ。簡潔で、親切な気持ちのこもったとてもいいレシピを丹治君からいただきました。ポイントは、手がいたくなるくらいかき混ぜ続けて液を乳化させること。私も作ってみましたが、ねっとりしているのに軽く、本当にクリーミーで感激しました。スパゲティの温度が高すぎると、卵液がすぐに固まってしまうので、②までやっておいてからスパゲティをゆではじめるといいと思います。

①フライパンに細切りにしたベーコンとオリーブオイル小サジ1を入れて強火で炒める。

②パチパチしてきたら弱火にし、じっくり炒める。色がついてきたら水½カップを入れ、強火で煮詰める（塩味の液を作る）。

水が半分くらいの量になったら、さらに½カップの水を加えてひと煮立ちさせ、オリーブオイル小サジ2を加えて火を止める。

③塩を加えた湯で表示より2分短めにゆで上げたスパゲティを、②のフライパンに入れて、大きくかき混ぜながら、ベーコンの味のついた水分を吸わせる（まだ火はつけない）。

④水分がほとんどなくなってきたら卵液（卵、粉チーズ、チリペッパーまたは一味唐辛子、塩ひとつまみをよ〜く混ぜたもの）を加え、かき混ぜる。

⑤はじめは水っぽくても気にせずに、中火にかけて、とにかくかき混ぜる（卵がちょっとでもとろりとしてきたらすぐに火から離し、まだまだかき混ぜる）。

⑥かき混ぜる手が「ぐっ」と重くなったら、完成間近。

⑦ねっとりとほどよくとろみがからんだら完成。皿に盛り、黒こしょうをふる。

しし唐のねぎ醤油炒め

（作りやすい分量）
しし唐1パック（約30本）　長ねぎ（白い部分）10㎝　その他調味料

夏になると散歩コースの農家には、胡瓜やトマトにまじってモリモリ元気なしし唐が並びます。小さなポリ袋にいっぱい詰まって100円。みつけるたびに買って帰り、網焼きにして生姜醤油で食べたり、みそときび砂糖で甘辛く炒めたりといろいろに楽しみます。なかでもいちばんよく作るのは、しし唐のねぎ醤油炒め。このレシピは、もとはといえば『料理と器 立原正秋の世界』の「獅子唐の油いため」がお手本になっています。夏の章「獅子唐」に綴られた立原正秋さんの短い文章は、読んでいるとよだれがわいてきて、つい作りたくなってしまうのです。はじめてこの本を読んだのは、もう20年以上も昔。夏がくるたび、あれから幾度作ったことでしょう。一部をここに引用させていただきます。

「獅子唐の油いためをぜひ試みられよ。ヘタをとり、爪楊枝で穴をあける。穴をあけておかないと、いためている最中にははねるから。油は植物油ならなんでもよい。しんなりいためたら、葱のみじん切りを添え、醤油をかければよい。獅子唐の香りが、葱と醤油の香りに溶けて、得もいわれぬ味をかもしだす」『料理と器 立原正秋の世界』(立原 潮編・平凡社)

ここでは、スーパーで売っているしし唐を使ったレシピを紹介します。まず、しし唐のヘタを取り、爪の先で2、3ヵ所穴を開けておきます。ねぎは5ミリ幅の輪切りにします。フライパンにごま油小サジ1を入れて強火にかけ、しし唐を炒めます。しんなりしてきたら酒大サジ2、醤油小サジ2を加えて炒りつけ、汁けがほとんどなくなったらねぎを加えて混ぜ、火を止めます。

蒸しゆでささみとツルムラサキの海苔和え

蒸しゆでささみ1本　ツルムラサキ3〜4本　焼き海苔½枚
白炒りごま　その他調味料（2人分）

鶏のささみは1パックの量が少なめだし、値段も手ごろなので、ひとり暮らしをはじめてからよく利用するようになりました。買ってきたらその日のうちに蒸しゆでにし、汁ごと冷蔵しておくと、いろいろに使えて便利です。コツは少なめの水分でするのと、ちょっと早いかな、というくらいで火を止めてしまうこと。ゆで汁を水でのばし、酒と塩で味をととのえ、かき玉スープにするのも楽しみです。

まず、蒸しゆでささみの作り方から。鶏ささみ3本はスジを切り落として小鍋に並べ、ひたひたの水と酒大サジ1を入れて中火にかけます。煮立ったらひっくり返し、フタをして弱火で2〜3分静かに煮ます。さわってみて、肉の内側に張りを感じたら火を止め、あとは余熱で火を通してください。ゆで汁ごと保存容器に入れ、冷蔵庫へ。5日間ほどおいしく食べられます。

ボウルにごま油（あれば太白ごま油）小サジ2、塩ひとつまみ、薄口醤油小サジ½をよく混ぜ合わせ、ほぐしたささみをざっと和えておきます。ツルムラサキは茎の硬いところを斜めにそぎ切り。残りは3、4センチ長さのざく切りにし、色よくゆでます（茎から先に鍋に入れ、ひと呼吸おいてから葉を加える）。ゆですぎると色が悪くなるので、気をつけてください。ザルに上げて冷水で冷やし、水けをしぼってささみのボウルに加えます。ちぎった海苔と、ごまを手でひねって加え、ざっくり和えたらできあがり。

とうもろこしと枝豆のかき揚げ

とうもろこし½本　枝豆　薄力粉　片栗粉　その他調味料（2人分）

とうもろこしのかき揚げは、もとはといえば是枝裕和監督の映画『歩いても 歩いても』で見たのです。主人公の母親の十八番《おはこ》で、ポンッポンッとはじける音が子どものころの夏休みを思い出させる……確か、そんな設定でした。母親役の樹木希林さんが揚げているのが、おいしそうで、おいしそうで。いつか真似をしてみたいと思いながらも、カリッと揚げるのはむずかしいような気がしてなかなか実現しなかった。それから数年後、西荻窪の「のらぼう」で、私ははじめてとうもろこしのかき揚げを食べることになります。日記の中で何度も作っているのは、『たべもの九十九《つくも》』という私の本にレシピを載せるため（「のらぼう」店長のマキオ君にお願いして、彼の料理本『野菜のごちそう 春夏秋冬』を参考にさせていただきました）。衣が硬めなので、混ぜている時にちょっと心配になるかもしれませんが、大丈夫。誰が作っても、たまらなく香ばしいのが揚がります。

生のとうもろこしは、親指の腹を倒すようにして実をバラバラにほぐします。枝豆は色よくゆで、サヤからはずしたものをとうもろこしより少なめに用意します。揚げ油を中温（170度）に熱している間に、とうもろこしと枝豆をボウルに合わせ、薄力粉大サジ6と片栗粉大サジ2をふり入れて、まんべんなくまぶします。ここに、40ミリリットルの冷水を加えてさっくりと混ぜ、スプーンですくって、直径5センチほどの大きさになるよう木しゃもじの上で形作ります。そのまますべらせながら、そっと油に落とします。はじめはいじらずに、たねが浮いてきたら上下を返します。菜箸でつかんでみてジリジリいう振動が伝わったら揚げあがり。よく油を切ってください。熱いうちに、塩や酢醤油を添えてどうぞ。

ハモの照り焼き

ハモの切り身（骨切りされたもの）１枚（約１２５g）　その他
調味料（１〜２人分）

東京では高級魚のイメージだったハモですが、神戸に来てからは、ていねいに骨切りされたものがどこのスーパーにもあり、淡路島産の大きめの１切れが５００円しないくらい。とても安いので、気軽に買って食べるようになりました。ごま油を薄くひいたフライパンで、薄茶色の焼き目がつくまで香ばしく焼いて（焼きすぎに注意）、食べやすく切り、塩をふるだけでもおいしいのです。日記に登場するハモは、ちらし寿司の具になっていますが、ここでは照り焼きのレシピのみを紹介します。ハモの旬は夏。秋は身が厚くなり、脂ものってきて、ふわふわというよりもむっちりとした食べごたえ。甘辛いタレがからまった照り焼きは、どちらかというと秋のハモの方が向いています。

酒、みりん、醤油各大サジ１ときび砂糖大サジ½を小さな容器に合わせ、砂糖が溶けるまでよく混ぜておきます。ハモは半分に切り、薄力粉を薄くまぶしてください。フライパンにごま油小サジ1をひいて強火にかけ、ハモを皮目から並べ入れます。皮に焼き色がついたら裏返し、フタをして弱火。裏面にも香ばしい焼き色をつけ、中まで蒸し焼きにします。いちど火を止め、合わせ調味料を加えます。フライパンの温度が下がってきたら弱火にかけ、軽くとろみが出るまで煮からめます。器に盛って、お好みで粉山椒をふりかけてください。

＊ハモは焼きすぎると硬くなるので、ちょっと早いかなというくらいで火を止め、調味料を加えるのをおすすめします。

モロヘイヤのおかか醤油

モロヘイヤ1束　かつお節　その他調味料（作りやすい分量）

母の看病で神戸と静岡を往復していたころ、姪のリカが近所で買ったモロヘイヤを、実家の台所でよく料理してくれました。モロヘイヤは1束分をいちどにゆで、水けをしぼって食べやすく切ってから保存容器に入れておく。そうすればおひたしにも、冷や奴にも、細かく刻んで納豆やそうめんのおつゆにも、食べたい時に冷蔵庫から取り出していつでも使える。日記の中でも、わかめとしらすを加えた酢のものを私はお昼に食べています。その後、私の本『自炊。何にしようか』で紹介することになったこのモロヘイヤのレシピは、普段何気なくやっている、リカの台所の小さな工夫から生まれたのです。

まず、ゆで方から。モロヘイヤは茎をさわってみて、硬そうなところだけ切り落とします。鍋に湯を沸かし、完全に沸騰したら茎の方から沈めます。ひと呼吸おいて全体を沈め、菜箸でさっと混ぜたらザルに上げ、流水をかけて冷まします。水けをしぼり（ほどよく水分を残して）、２センチほどの長さに切って容器に入れ、冷蔵庫で保存してください。ゆでたモロヘイヤは器にこんもりと盛りつけ、ごま油をほんの少しまわしかけます。かつお節をのせ、醤油をかけていただきます。かつお節のかわりに、水けをしぼった大根おろしとちりめんじゃこをのせ、ポン酢醤油をかけてもおいしいです。

＊ゆでたモロヘイヤは色が変わりやすいので、２、３日の間に食べ切ってください。色が変わってしまったら、細かく刻んで卵焼きに混ぜたり、おみそ汁やスープに加えるといいと思います。

8月

いんげんと豚肉のチーズマカロニ

マカロニ（リガトーニ）２００g　いんげん½束　豚コマ切れ肉80g　玉ねぎ½個　クリームチーズか溶けるチーズひとつかみ　その他調味料（２人分）

　マカロニは日持ちがするので、２種類くらい常備しておくと便利です。そういえば昔ひとり暮らしのころにお金がなくて、マカロニばかり食べていたことがありました。ソーセージとトマトペーストで炒めたり、オイルサーディンを入れてみたり。お弁当にしていたこともあります。貧乏でも、マカロニだとなぜか淋しい気持ちにならなかった。スパゲティはのびてしまったら台なしだけど、マカロニはのびたくらいがおいしいのも、またステキなところです。

　では、レシピです。たっぷりの湯を沸かして塩をひとつまみ入れ、リガトーニをゆでます。表示の時間を信用せずに、好みのやわらかさになるまで。私はちょっとよけいにゆでるのが好きです。ゆでながら、フライパンを強火にかけて玉ねぎの薄切りをオリーブオイルで炒めます。しんなりしてきたらひと口大に切った豚肉を炒め、色が変わったらいんげんのぶつ切りを加えてさらに炒めます。いんげんが硬かったら、ゆで汁をちょっと加えて炒め、塩と黒こしょうをひとふり。ゆで上がったリガトーニをザルに上げ、水けを軽く切ってフライパンに加えます。さいころに切ったクリームチーズか溶けるチーズを加え、もういちど塩、こしょうで味をととのえてできあがり。食べる時に、醤油をちょっと落としてもおいしいものです。

ゴーヤーと豚肉のスパゲティ

スパゲティ２００g　ゴーヤー20㎝　豚コマ切れ肉１３０g
にんにく1片　トリガラスープの素　ナンプラー　その他調味料
（2人分）

パスタは、オリーブオイルやバターをたくさん使ってコクを出すもの、と思い込んでいたけれど、スイセイが糖尿病になってから、いろんな料理の油をひかえるようになりました。それはそれで、またおいしい方法を発見していけるものです。このスパゲティは、ゆで汁にトリガラスープの素を加え、スープにからめて食べるものです。ゴーヤーも厚切りにして、けっこうたっぷり加えるのが気に入っています。フォークよりも箸でズズーッと食べる感じです。

まず、大鍋にお湯を沸かしておきます。豚肉は食べやすく切って、塩、黒こしょう、すりおろしたにんにくをもみこんで、軽く下味をつけます。ゴーヤーはたて半分にしてワタと種を指でかき出し、5ミリくらいの厚さに切ります。お湯が沸騰してスパゲティをゆではじめたら、フライパンを強火にかけ、ごま油小サジ1で豚肉を炒めます。広げながら、あまり返さずにしっかり焼き目をつけます。その間に、スパゲティのゆで汁を1カップ取り分け、トリガラスープの素を溶かしておきます。肉の脂が出てくるまで炒めたら、ゴーヤーを加えて炒め合わせます。酒大サジ2と、ゆで汁のスープを加え、硬めにゆでたスパゲティを加えます。ナンプラー少々を加え、ざっくり混ぜて、こしょうをひいてできあがり。

*ゴーヤーのかわりに、キャベツやブロッコリーをスパゲティのゆで上がるちょっと前に同じ鍋でゆで、加えてもおいしいです。

いんげんのくたくた炒め煮

いんげん300g　ごま油　その他調味料（2人分）

この時季、ちょっと太めの元気ないんげんが出てくるので、くたくたに煮たものを何度となく作ります。いんげんだけでなく茄子でもしますが、そういえば茄子のくたくた炒め煮は、スイセイの母親が作ってくれて、広島の実家に帰るとよく翌日のお昼に冷たいのをご飯にのせて食べました。義母は、だし汁やにぼしなどを入れずに、ただ油で炒めた茄子に水と醤油を加えて煮るだけですが、いつでも、同じ見た目と味で、なんでもなさがおいしい。飽きずにいくらでも食べられる。これは作り続けている年季のワザでしょうか。私には真似できないおいしさです。さて、いんげんにもどりますが、とにかくごま油で気長に炒めるのがコツです（茄子の場合は、ざっと炒めて油をからませるだけ）。全部のいんげんに平均して熱をまわすのはむずかしいので、半分くらいにしわが寄ったら酒を加えます。この時、いちど火から下ろしてからでないと、ものすごい音がしてはねるので気をつけてください。

まず、いんげんのスジを取ってから料理をするまでに時間があるようなら、水につけておいてください。ちょっとしんなりしていたいんげんも、これでずいぶん元気になります。半分か、長いものなら3〜4等分に切り、ザルに上げて水けをふきとります。厚手の鍋を強火にかけてごま油を大サジ1強ひき、いんげんをよくよく炒めます。いんげんにしわが寄ってきたらいちど火から下ろし、酒と水各大サジ3、醤油大サジ1と½を加えて落としブタをし、弱火にかけます。汁を吸って、くたっと煮えたらできあがり。

＊水のかわりにだし汁にしたり、にぼしをちぎったものや、かつお節を加えてもいいですが、まずはシンプルに旨みを加えすぎずに作ってみてください。醤油をナンプラーにかえるのもおすすめです。その場合は、たたきつぶしたにんにくといんげんを炒め合わせてください。

みそ味のとろろ芋

長芋300g　卵1個　みょうが　青じそ　焼き海苔　だし汁
その他調味料（4人分）

真夏日が続くと、食欲が落ちてきます。お昼はとくに、そうめんやらお茶漬けやら、汁けのあるあっさりしたものしか食べられない。いつも同じだし、夏バテしそうで心配。それで、前の晩の冷たいみそ汁の残りでとろろ芋を作ってみました。みそ汁だけではちょっと味が薄いので、もう少しみそを加えて。薬味もいろいろ添え、玄米ごはんにかけて食べたら大好評。だし汁と醤油のものももちろんおいしいけれど、みそ味のとろろ芋は、懐かしいようなじんわりした味がします。

では、みそ汁の残りがない時の作り方です。だし汁1カップに対し、みそは大サジ2杯半くらいでしょうか。まず、濃いめのみそ汁を作って、粗熱がとれるまで冷ましてから長芋をすりはじめます。長芋の皮をむき、すり鉢のくし目にグルグルとこすりつけてすりおろします（急いでいる時はおろし金でやってしまうけど、なめらかさはやっぱり違います）。すりこぎでゴリゴリとすり、溶き卵を加え、さらにすり混ぜます。完全に混ざったら、冷ましたみそ汁をお玉で少しずつ加えながらすり、よく混ざったらまた加え、なめらかにすり混ぜます。みそ汁の量は、サラサラが好みの方はたっぷりめに加えてください。青じそとみょうがを刻み、焼き海苔をもんで添えます。ワサビよりも柚子こしょうの方がみそ味には合うようです。

生トマトのソース

完熟トマト5個　玉ねぎ1個　にんにく1片　ローリエ　その他調味料（作りやすい分量）

北海道に遊びに行った時、「エゾアムプリン」のアムがトマトソースを作るのをそばでじっと見ていました。私のは缶入りの水煮トマトだし、オリーブオイルもたっぷり、ハーブだとかもついいろいろ加えてしまいます。アムが作ったマラウイ仕込みのトマトソースは塩味だけなのに、果物が混ざっているように軽やかな酸味と旨みで、目からウロコのおいしさでした。富良野のトマトがおいしいせいでしょうか。アムは熟しすぎた安売りのをスーパーで買ってきて、ほとんどいじらずに、トマトが煮くずれていくのにまかせてのんびりと煮込んでいました。

では、私流にかみくだいたレシピです。にんにくは粗みじん切り、玉ねぎはひとさし指の爪の大きさくらいに切ります。厚手の鍋にサラダオイル大サジ2を入れ、強火にかけてにんにくを炒めます。とちゅうから中火にし、にんにくのいい香りがしてきたら玉ねぎを加えます。玉ねぎはきつね色に炒めるのではなく、甘みが出てしんなりと透き通るように。その間にトマトを切ります。ヘタをくりぬいて半分にしたら、トマトのおいしい汁が流れないよう注意しながら、3センチくらいに切って器に入れます。まな板に残った汁も残さずに移しておきます。炒めた玉ねぎの鍋にトマトを加えてざっと混ぜ、強火にしていちど煮立てたら、ローリエを1枚。フタをずらしてのせ、あとは弱火で煮込みます。鍋の中は小さな泡がポコポコしている状態。トマトがすっかり煮くずれてサラリとしてきたら、塩をふたつまみ加え、たまに木ベラでかき混ぜながら、とろみが出るまでよく煮込みます。最後に塩で味をととのえます。

ゴーヤーと豚コマのみそ炒め、柚子こしょう風味

豚コマ切れ肉150g　ゴーヤー15cm　にんにく½片　柚子こしょう
その他調味料（2人分）

豚肉に塩とごま油で下味をつけておいて、油をひかずにフライパンでよく炒め、出てきた肉の脂で野菜を炒め合わせるのは、うちの十八番。塩味だけの時もあるし、最後にナンプラーや醤油で香りを出すこともあります。取り合わせる野菜も、小松菜、ニラ、もやし、長ねぎ、ピーマンなど。変わったところではクレソンやルッコラもおいしいです。これは、柚子こしょう入りの合わせみそを作っておいて、最後にからめるレシピですが、コツは肉を炒める時くらい。フライパンに広げたら、とにかくいじらずに放っておきます。脂をジリジリ出しながら、全体が白っぽくなるまでおくと、裏面にはちょうどいい焼き目がこんがりついています。

では、作り方です。豚コマ切れ肉を食べやすく切ってボウル

に入れ、塩、黒こしょう少々、ごま油大サジ1で下味をつけておきます。ゴーヤーはたて半分に切って種とワタをかき出し、5ミリ厚さに切ります。みそと酒をそれぞれ大サジ1と½、きび砂糖大サジ½、にんにくのすりおろし、柚子こしょう小サジ½をよく混ぜ、合わせみそを作っておきます。フライパンを強火にかけ、豚肉を広げるようにして焼きつけます。脂が出てきたらゴーヤーを加えて炒め合わせます。ゴーヤーに油がまわり、緑色が透き通ってきたら合わせみそを加え、からめながら汁けを飛ばすようにザッザッと炒め合わせます。ゴーヤーのかわりにピーマンや茄子でもおいしくできます。

＊残ったゴーヤーの保存は、ペーパータオルや新聞紙でくるんでから厚手のポリ袋に入れます。夏野菜は冷蔵庫の冷えに弱いので、厚着をさせてやると、ずいぶん日持ちが違います。

トロイカ2種

マグロの中落ち100g　刺し身用イカ（細切り）80g　辛子酢みそ　青じそ　細ねぎ　その他調味料（2人分）

マグロの中落ちとねぎを具に巻いたお寿司はねぎトロ。これは、中落ちとイカのお刺し身を合わせたものなので、トロイカと名づけました。中落ちのピンクとイカの白が組み合わさってとても色がきれいだし、歯ごたえもまたおもしろいのです。このトロイカに、コチュジャンやすりごま入りの辛い酢みそをかけ、ねぎと青じそをあしらったのが「クウクウ」の人気メニューでした。お刺し身どうしなので混ぜ方はざっくりと。できるだけいじらずに、中落ちとイカがからまる程度にスプーンや菜箸などで合わせてください。トロイカをふたつの器に盛り分け、2種類の味つけで食べるのですが、ワサビ醤油のものも、辛子酢みそをかけたものも、手巻き寿司のように海苔で巻いて食べると、ご飯がいくらでもすすみます。

マグロの中落ちとイカをボウルに入れます。ざっくりと合わせ、二等分して、ふたつの小鉢にこんもりと盛ります。ひとつには辛子酢みそをたらりとかけ、せん切りの青じそをあしらいます。もうひとつは刻んだねぎをちらし、小皿にワサビ醤油を添えます。

☆辛子酢みそ（作りやすい分量）…小さな容器にみそ小サジ2、練り辛子小サジ⅓、きび砂糖小サジ1、酢小サジ1、ごま油小サジ1を入れ、よく混ぜ合わせます。

オクラの煮浸し

オクラ1パック　昆布だし汁　柚子こしょう小サジ½　その他調味料（2人分）

　夏はオクラをよく食べます。刻んで納豆に混ぜたり、ぶっかけそうめんに加えたり、みょうがと合わせてモズク酢にのせたり。小さな包丁でオクラのヘタ先を切り落とし、ガクのまわりの黒いところをぐるりとむく下ごしらえも大好き。吉祥寺にいたころには、夕方の子ども向け番組を見ながら畳の部屋でしていたけれど、神戸では窓辺の椅子で、海を眺めながらやっています。このオクラの煮浸しは六甲道にある友人のお店「かもめ食堂」で食べたものを、私流にアレンジしました。だしは昆布だけで薄めに。味つけも塩と柚子こしょうのみ。香りづけていどに薄口醤油を落とします。オクラは見た目より早く火が通るので、くれぐれもゆですぎないようにしてください。

　7センチ角の昆布2枚は、約2カップの水に半日ほど浸けておきます。弱火にかけてだしをとり、1カップほど用意します（残りはおひたしなどに使ってください）。オクラの下ごしらえをします。小鍋に昆布だし汁、酒大サジ½、塩ひとつまみ、薄口醤油小サジ½を合わせて煮立て、火を止めてから柚子こしょう小サジ½を加えて浸し汁を作ります。オクラを色よくゆで、ザルに上げます。浸し汁が熱いうちにゆでたての熱いオクラを加えると、色がきれいなままです。冷蔵庫で冷やし、食べる時に斜め半分に切って盛りつけます。薄味なので、汁ごと食べてください。

＊現在「かもめ食堂」は、兵庫県西脇市に移転しました。

中華風焼きそば

焼きそば用蒸し麺（太め）1玉　にんにく1片　レタス2〜3枚
オイスターソース　目玉焼き1枚　その他調味料（1人分）

日記では空芯菜を使っていますが、かわりにレタスで作ってみました。夏には大きなレタスが安く出まわるし、外まわりの葉はとくに、炒めるとシャキッとしてとてもおいしいから。焼きそば用の蒸し麺は、太めのものがあればぜひ使ってみてください。もちっとした麺の旨みが際立ちます。豚肉や鶏肉を加えてもいいけれど、レタスだけのシンプルなものが私は好きです。ちょっと薄味ですが、レタスと麺そのものの味を楽しんでください。ところでみなさんは、レタスをどのように保存していますか？　私はいちばん外側の濃い緑の葉をとっておき、使いかけのレタスの芯の部分を中心に巻いて、さらに新聞紙でふわっと包んでから、厚手のポリ袋に入れています。冷蔵庫の野菜室で保存すれば、10日くらいはみずみずしいままです。

にんにくは芽を取りのぞいて薄切りに、レタスは手で大まかにちぎっておきます。フライパンにごま油大サジ½を中火で熱し、にんにくを炒めます。香りが立ってうっすらと色づいたらいちど取り出し、袋から出した麺をほぐさずにそのままのせます。強火にしてしばらく放っておき、両面を焼きます。麺に軽く焼き目がついたら菜箸でほぐし、上にレタスをこんもりとのせ、塩をひとつまみ。大サジ2の水をふりかけてフタをし、中火で蒸し焼きにします。麺に火が通ったらにんにくをもどし入れ、オイスターソース小サジ2、醤油小サジ½を加えて、全体にからむよう菜箸で混ぜながら炒め合わせます。黒こしょうをたっぷりひいて皿に盛りつけ、半熟の目玉焼きをのせてください。

皮をむいた茄子のフライ

大きめの茄子1本（小さければ2本）　天ぷら粉　パン粉　揚げ油
その他調味料（2人分）

　茄子がカラッと揚がったら、とにかく揚げたてを！　ウスターソースもおいしいのだけれど、まずは塩だけふって食べてみてください。みずみずしいおいしさに、誰もがきっと驚くと思います。繊細なフライなので、パン粉は細かめのものがおすすめです。むいた茄子の皮は、別のボウルで水にさらしておき、ぜひ即席しば漬けを作ってみてください。

　茄子はヘタを切り落とし、皮をむきます。2センチくらいの厚さの細長い乱切りにし、10分ほど水にさらしてください。茄子をざるに上げ、布巾で水けをよくふきとります。天ぷら粉大サジ3と½をボウルに入れ、水大サジ4を加えてよく溶き混ぜます。これがバッター液になります。茄子をバッター液にくぐらせ、パン粉をまぶしたら、高温に熱した揚げ油で薄いきつね色になるまで短時間で揚げます。

☆即席しば漬け（作りやすい分量）…水にさらしておいた茄子の皮は、斜め細切りにしてボウルに入れ、塩をちょっと多めにふりかけます。手の平でにぎるようにキュッキュッとよくもみ、くすんだ色の水が出てきたら流水をかけ、軽く洗い流してザルに上げます。水けをしぼってボウルにもどし入れ、青じそ2枚とみょうが1個を刻んだもの、梅干し1個を種のついたまま加え、ほぐし混ぜます。空きビンに移し入れ、冷蔵庫で2週間ほど保存できます。

春雨とトマトと蒸しゆでささみのスープ

蒸しゆでささみ1本　春雨20g　トマト½個　卵1個　トリガラスープの素　その他調味料（1人分）

蒸しゆでささみ（180ページ）はひとり暮らしの強い味方。肉や魚がない時に、ほぐして、ゆでた青菜と和えたり、冷やし中華の具にしたり。炒めものやチャーハンの具にすることもあります。パサパサにならないようにゆで汁ごと保存しているのですが、そのゆで汁がまたおいしい。このレシピは、ほんのりとした塩味のやさしいスープ。生姜をたっぷりすりおろして器の底に入れておき、熱々のスープを上から注ぐのは、風邪のひきはじめに。エスニック風にしたい時にはナンプラーや一味唐辛子を加え、刻んだ香菜をちらしてください。

春雨はぬるま湯に5分ほど浸け、ザルに上げておきます。蒸しゆでささみは大まかに手で裂き、トマトはヘタを取って乱切りにします。小鍋に水1と½カップ、酒大サジ1、トリガラスープの素小サジ½、ささみのゆで汁適量を加えて強火にかけます。弱火にしてアクをすくい、塩で味をととのえ、春雨を加えます。春雨がスープを吸ってふっくらとしてきたら、蒸しゆでささみとトマトを加えます。煮立ったところに溶き卵を流し入れ、すぐにフタ。半熟になったら火を止め、黒こしょうをふってできあがりです。

9月

秋刀魚のごま油焼き

秋刀魚2尾　すだち1個　その他調味料（2人分）

今食べなかったらいつ食べるの？　というくらい、秋刀魚がおいしい季節です。うちのコンロには魚焼き用のグリルがついていないので、塩焼きが食べたい時は、コンロの上に魚焼き器をのせて焼いていますが、秋刀魚は煙が出るので、フライパンでフタをして焼いています。ムニエルのように粉をはたいて焼くわけではありません。ひたすら、秋刀魚の塩焼きに近いものが食べたいのです。

まず、新鮮な秋刀魚を買ってきます。ぬめりをさっと洗い流して、ワタが入ったまま1尾を半分に斜め切りし、水けをふきとります。フライパンを強火にかけ、ごま油小サジ1をひいて、表と裏においしい塩（粗めの）をふりかけた秋刀魚を並べます。皮が香ばしく焼けたら裏返し、フタをして弱火で中までしっかり焼きます。器に盛りつけて半分に切ったすだちを添え、醤油を落として食べます。これがいちばんシンプルな方法なので、飽きずに食べられます。そのほかに、秋刀魚の焼き終わりに酒と醤油をまわしかけ、レモンをしぼったり、バターを溶かし込んで黒こしょうをひいたりもします。あらかじめワタを取り出して細かく刻み、焼き上がった秋刀魚を器に盛ってから、フライパンに残った油でワタを炒め、酒、バルサミコ酢、醤油を加え、バターを溶かし込んでワタソースを作るというのもおすすめ。これは洋風なので、せん切りにした青じそを混ぜたマッシュポテトや、クレソン、ルッコラなどを添えるといいと思います。

ツナのバーニャカウダ風

ツナ缶（油漬け）1缶（80g）　アンチョビ2枚　にんにく½片
レモン汁　その他調味料（作りやすい分量）

簡単なのに、けっこう本格的な味のディップです。クラッカーや、香ばしく焼いたバゲットに塗ってもいいし、ゆでたじゃが芋やブロッコリーにつけて食べてもおいしい。生野菜のサラダに加える時は、さらにレモン汁をしぼって、塩をパラパラ。マヨネーズを少し加えても、もちろんおいしいです。食パンを4つに切ってこのディップを塗り、溶けるチーズをのせてオーブントースターで焼いたカナッペなど、ビールやワインのつまみとして出したら、きっと喜ばれると思います。ビンに入れ、冷蔵庫で2週間は保存できるので、多めに作ってみてください。

ツナ缶のオイルは軽く切って、中身をボウルにあけます。アンチョビのみじん切りと、すりおろしたにんにくも加え、フォークですり混ぜます。この時、フォークの背ですりつぶすようにして、ツナの繊維をよくほぐすように。ツナ缶は、フレークの方が作りやすいです。ここにオリーブオイルを大サジ1加えてよく混ぜ、塩小サジ⅓とレモン汁⅓個分を加え混ぜたら、黒こしょうをたっぷりひいてできあがり。

*ケチャップを加えてパスタに和えたり、グラタンやオムレツの具にしたり、試してみたことはないけれど、おにぎりの具にしてもおいしいはず。その場合は、醤油をかくし味に加えるといいかもしれません。

春雨とひき肉のピリ辛炒め

豚ひき肉100g　春雨80g　ニラ½束　長ねぎ（白い部分）⅓本
にんにく1片　オイスターソース　豆板醤　トリガラスープの素
黒酢　その他調味料（2〜3人分）

かつて「クウクウ」の賄いでもよく作っていました。ひき肉でなく、豚バラ肉の薄切りを細く切ったものでもいいし、ニラのかわりに小松菜やクレソン、香菜を入れてもおいしくできます。仕上げに黒酢をまわしかけることで、あっさりといただけます。春雨はいろんなもどし方がありますが、私はいつもお風呂くらいの温度のお湯に5分ほどつけ、硬めにもどしています。煮汁やスープで煮込むことで、ちょうどいいやわらかさになるように。もどした春雨は流水にさらし、キッチンばさみで適当な長さに切ります。そのまま冷蔵庫で保存すると（時々水をかえながら）、5〜6日は大丈夫。多めにもどしておいて、サラダや和えものにしたい時には、さっとゆでて使います。

では、作り方です。春雨をもどして食べやすく切り、ザルに上げておきます。ニラは4センチ長さ、長ねぎは粗みじん切り、にんにくはみじん切りにします。フライパンにごま油大サジ1を熱し、にんにくを炒めます。香りが出てきたら長ねぎを加えてざっと炒め、ひき肉を加えます。ひき肉がほぐれてきたら豆板醤小サジ1を加えて炒りつけ、酒大サジ2とトリガラスープ（トリガラスープの素小サジ2を1と½カップのお湯で溶く）を加えます。オイスターソース大サジ1と½、醤油大サジ1、きび砂糖大サジ1で味をととのえてから、春雨を加えます。しばらく煮込み、春雨がスープを吸ってやわらかくなってきたら、ニラを加え混ぜ、仕上げに黒酢小サジ2をまわしかけます。水溶き片栗粉で汁けをまとめたらできあがり。食べる時に粉山椒をふります。

豚の生姜焼き

豚コマ切れ肉250g　にんにく1片　生姜1片　キャベツ　その他調味料（2人分）

わが家は冷凍保存をあまりしませんが、豚のコマ切れ肉だけはいつでも冷凍庫に入っています。買い物にいける時はいいけれど、雨が降ったり気分がふさいだりして、どうしても外に出たくない日もあります。そんな時、昼間のうちに冷凍庫から取り出してゆっくり自然解凍。豚コマ切れ肉は、赤身と脂身のバランスがいいので、カレーにしたり、炒めものにしたりと、バラ肉よりも使い勝手がいいように思います。これはアシスタントのヒラリンに教わったのですが、豚肉が半端に残ったり、すぐに使う予定がない時、酒と塩を少しまぶしておくのだそうです。そうすると塩豚のような効果が出て肉の味がしまり、2〜3日はおいしい。ちょっとしたことですが、チャンプルや野菜炒めに具合がいいそうです。

では、生姜焼きの作り方です。まずキャベツ（レタスでもロメインレタスでもOK）をたっぷりせん切りにし、器に盛りつけておきます。豚コマ切れ肉は切らずにボウルに入れ、すりおろしたにんにくと生姜、塩少々、黒こしょう、ごま油大サジ1をもみ込みます。フライパンを強火で熱し（油はひかない）、下味をつけた豚肉を焼きつけます。その間に、酒大サジ2、みりん大サジ1、きび砂糖小サジ2、醤油大サジ2を合わせておきます。豚肉はしばらく放っておいて、焼き目がついたら裏返してください。まだ肉の赤い色が残っているくらいのところで、合わせ調味料を加えて煮からめ、キャベツの上に焼き汁ごとかけまわし、マヨネーズを添えます。青じそやみょうがをたっぷり刻み、キャベツと合わせてもおいしいです。

夏大根と鶏のスープ煮

鶏骨つきぶつ切り肉400g　大根½本　にんにく½片　長ねぎ（青い部分）1本　生姜2片　その他調味料（4～5人分）

冬の大根も甘くておいしいけれど、キリッとした夏の大根もいいものです。辛みの強い、根っこに近い方は大根おろしにして、根元の太いところは煮物やスープに。煮た夏大根のおいしさを知ったのは、たまちゃん（170ページ、ミカさんの弟の奥さん）が作ってくれたソーキ汁。豚のスペアリブ、大きめに切った大根、結び昆布を薄味で煮てくれました。味つけは薄口醤油と酒、みりんをほんの少しだったと思います。角煮のようにこってりと、大根も味をよくしみさせて甘辛く煮含めるのではなく、たっぷりのスープであっさりめに仕上げてありました。大根もかろうじて箸が通るくらいのやわらかさ。それを、夏の暑い日に汗をダラダラかきながら食べたのが忘れられません。私のレシピは鶏の骨つきと夏大根を塩だけで煮ます。大根の皮からもいいだしが出て、じんわりとしたスープがくたびれた胃袋を助けてくれます。

まず、大きめの厚手鍋を用意して鶏肉を入れます。すりおろしたにんにく、塩ふたつまみ、ごま油小サジ2で軽くもみ、酒½カップとたっぷりの水（1.2リットルくらい）を加え、長ねぎと生姜を浮かべて強火にかけます。沸騰したらアクをすくって、皮ごと大きめの乱切りにした大根を加えます。ふたたび沸いてきたらフタを少しずらし、時々アクをすくいながら弱火でコトコト。スープにコクが出て、大根がやわらかくなったらできあがり。長ねぎと生姜を取りのぞき、器に盛りつけます。まずはそのまま味わってみて、好みで柚子こしょうをのせてもいいし、ご飯を加えて混ぜながら食べてもおいしいものです。

がんもどきの煮たの、ゆでほうれん草添え

がんもどき4個　ほうれん草⅓束　だし汁　その他調味料（2人分）

「ムーバス（コミュニティバス）」に乗り合わせたおじいちゃんの前の日の献立を聞いているうちに、すっかり頭の中にインプットされてしまい、早くも、その晩のうちのおかずになりました。おじいちゃんが台所に立っているのを想像しながら作ったので、砂糖は使わず、うっすらと上品な味つけです。上京したてのころ、田舎からいっしょに出てきた幼なじみの友人が、お姉さんのアパートで作ってくれたのもがんもどきの煮物でした。こちらは甘辛い濃いめの煮汁で、添えもののいんげんもクッタリと煮え、よく味がしみていました。これもまた、忘れられない思い出の味です。

小鍋にだし汁300ミリリットルを入れ、酒大サジ1、みりん大サジ1と½、薄口醤油大サジ1と½を加えて煮立てます。がんもどきを加え、落としブタをして弱火で煮ます。煮

ている間にほうれん草を色よくゆで、ザルに上げて水けをしぼり、4センチの長さに切りそろえておきます。20〜30分してがんもどきが煮汁を吸い、ふっくらしたら火を止め、器に盛ります。残った煮汁にほうれん草を加えてひと煮し、盛り合わせます。

＊添えものは、ほうれん草でなくてももちろんOK。小松菜、いんげん、春菊。春なら根三つ葉や、プックリふくらんださとうさやもおすすめです。

スイセイに教わった
トマトスパゲティ

スパゲティ200g　生姜焼き用豚薄切り肉100g　玉ねぎ½個
白菜（小）⅛個　トマト2個　水煮トマト½缶　トマトペースト
バター　その他調味料（2人分）

スイセイが作ってくれた元祖トマトスパゲティは、豚のコマ切れ肉で白菜も少なめ、トマトも生のものだけを使っていました。それはそれは、フレッシュでやさしい味でしたが、ここでは何度か再現しているうちに定番となった、私のレシピを紹介することにします。白菜の量を増やし、水煮トマトとトマトペーストを加えて。肉も生姜焼き用の少し厚めのロースか、肩ロースにするとごちそう感があります。ベーコンで作ることもあります。スイセイのレシピは日記の通りなので、ぜひそちらも試してみてください。

豚肉はひと口大に切り、軽く塩こしょうしておきます。玉ねぎはみじん切り、トマトは皮ごとさいの目切りに。白菜は、白いところは2センチ幅に、葉は3センチ幅にざくざく切ります。厚手の鍋にサラダオイル大サジ1を熱し、強火で玉ねぎを炒めます。透き通ってきたら豚肉を加え、炒め合わせます。肉が白っぽくなったら、白菜とバター10グラムを加え、油がまわるまで炒めます。生のトマト、水煮トマト、トマトペースト大サジ1、塩小サジ1、かくし味に醤油小サジ½を加え、よく混ぜてフタをし、弱火にして30分ほどコトコト煮込んでください。煮汁にとろみが出たら味をみます。足りなければ塩を加え、バター10グラムを溶かし混ぜます。黒こしょうをたっぷりひいて、ソースのできあがり。ゆでたてのスパゲティを鍋に入れ、ソース（2人分以上あるので、少し取りよけておいてください）をからめます。お皿に盛って、あれば刻んだパセリをちらし、粉チーズとタバスコを。

南の島風
海老カレー&
黄色いご飯

黄色いご飯　有頭海老8尾　玉ねぎ1個　茄子3本　トマト1個
トムヤムクンペースト　カレールウ　その他調味料（4人分）

エスニック風のカレーは、「クウクウ」のころに賄いでもよく登場しました。残ったトムヤムクンスープの活用なのだけど、市販のカレールウを溶き入れ、とろみが足りない時には水溶き片栗粉でごまかしたりして。牛スジ煮カレーや、ラタトゥユカレーもよく作っていました。つまり、どんな国の煮込みものでも、ルウさえ加えればおいしいカレーになるのです。ベースのスープには、トムヤムクンペーストを使用。有頭海老を殻ごと煮込むので、ちょっと食べにくいかもしれないけれど、みそがしみでて何ともいえないコクが出るのです。どちらかというとサラリとしたカレー。黄色い鮮やかなご飯にたっぷりかける、夏のごちそうです。

茄子は2センチ幅の輪切りにして水にさらします。玉ねぎは

3センチ角、トマトは大きめの乱切りに。有頭海老は食べる時にじゃまにならないよう、長いヒゲと、とがった口の先をハサミで切り落としておきます。鍋にサラダオイル大サジ1を熱し、強火で玉ねぎを炒めます。ざっと炒めたら海老を加え、香ばしい匂いがするまでよく炒めます。水けを切った茄子を加え、油がまわったら4カップの水を注ぎ、トムヤムクンペースト30グラムを加えます。混ぜながら煮て、煮立ったらアクをすくいます。弱火にしてフタをずらしてのせ、茄子がやわらかくなるまでコトコト煮ます。カレールウ3山を溶かし混ぜ、なじむまで煮込んだらトマトを加えてひと煮し、形がくずれる前に火を止めてください。

☆黄色いご飯（4人分）…米2合をといでターメリック小サジ1と½を加えたら、いつもの水加減にしてよく混ぜ、30分ほど浸水させます。バター10グラムをのせて普通に炊いてください。

マキちゃんのピーマン肉詰め

ピーマン6個　合いびき肉250g　玉ねぎ½個　卵1個　パン粉½カップ　ナツメグ　その他調味料（4人分）

木皿泉さん原作・脚本のドラマ『昨夜のカレー、明日のパン』には、「パワースポット」というお惣菜屋さんが出てきます。その店の人気メニューのひとつとして、アシスタントのマキちゃんに考えてもらったのがこのレシピ。ちょっと珍しい焼き方かもしれないけれど、レシピの通りにすると、ピーマンのおいしさが断然際立ちます。12個分できるので、もしも残ったら、揚げてもいいかもしれません。以前、ハンバーグの残りにフライ衣をつけて揚げてみたら、メンチカツみたいになってとてもおいしかったのです。

ボウルにひき肉、みじん切りの玉ねぎ、卵、パン粉、塩と黒こしょうとナツメグ各適量を入れて練り混ぜ、肉だねを作ります。ピーマンはたて半分に切り、ワタと種を取りのぞきます。

切り口を上にしてバットに並べ、薄力粉を茶こしで薄くまぶします。小さな器に、酒、みりん、醤油各大サジ2、ウスターソース大サジ3、トマトケチャップ大サジ4をよく混ぜ合わせておきます。肉だねを12等分し、ピーマンに詰めます（表面をこんもりさせるとおいしそうに焼けます）。フライパンにサラダオイル小サジ1を入れて強めの中火にかけ、肉だねを下にしてピーマンを並べます。焼き色がつくまで1分ほど焼いたら、ピーマンが下になるように裏返して30秒。再び肉だねを下にし、フタをして弱火で4～5分蒸し焼きにします。中まで火が通ったら器に取り出し、肉汁が残っているフライパンの油だけ軽くふきとります。合わせておいた調味料を加えて強火にかけ、スプーンで混ぜながら、ぷくぷくと沸いてきたら弱火にし、とろみが出るまで煮詰めます。肉詰めのひとつひとつにたっぷりかけてできあがりです。

ハモの炊き込みご飯

米2合　ハモ（骨切りしたもの）100g　だし汁　白ごま　その他調味料（4人分）

神戸に移住してから、とても身近になったハモ。ごま油で香ばしく焼き、塩とすだちだけで食べるのが私は大好きです。スーパーによっては切り落とした骨もついてくるので、弱火のフライパンでじりじりと焼き、骨せんべいにしてパリパリ食べます。日記に登場するのは、保存のためみそ漬けにしておいたハモを使っているけれど、ここではシンプルに、ごま油で白焼きにしてご飯に炊き込むレシピをお伝えします。白い身の美しいハモと、お米の白、そして香ばしく炒った白ごま。ハモならではの繊細さが際立ちます。このご飯を「MORIS」の今日子ちゃんにお土産に持っていったら、「ご飯と思って口に運ぶと、ふっくらしたハモだった喜び！　目が開きました」と嬉しいメールが届きました。

では、作り方です。米をといで炊飯器に入れ、酒大サジ1、塩小サジ1、薄口醤油小サジ½とだし汁を合わせ、いつもの水加減に。ざっと混ぜたら、そのまま30分ほど浸水させます。ハモは3センチ幅に切り、ごま油を薄くひいたフライパンで身の方から焼きます。ほんのり焼き色がついたら裏返し、皮目も軽く焼いて、炊飯器のお米の上に並べます。上からごま油小サジ2をまわしかけ、スイッチオン。炊き上がったら10分ほど蒸らし、香ばしく炒った白ごまをたっぷり加え、ハモがつぶれないように、大きく混ぜます。このご飯には、茄子の皮の即席しば漬け（209ページ）がよく合います。

ピーマンの焼き浸し

ピーマン（小）5個　だし汁　その他調味料（作りやすい分量）

六甲駅の近くに、神戸市の淡河《おうご》でとれた野菜を直売している小さなお店があります。形や大きさは不ぞろいですが、元気もりもりの朝採り野菜が100円台で並ぶのです。特に夏野菜がすばらしい。胡瓜、トマト、赤と黄色のミニトマト、ゴーヤー、茄子、冬瓜、ズッキーニ、南瓜、赤と青のピーマン、万願寺唐辛子、甘唐辛子、モロヘイヤ、ニラ、青じそ、みょうが……。引っ越してきたばかりのころに、「MORIS」のヒロミさんがお店の前まで連れていってくださったのも、懐かしい思い出です（その日は残念ながら定休日でした）。東京では縁遠かった万願寺唐辛子ですが、絵本作家のつよしゆうこさんの家に遊びにいった時、ビールのつまみにオーブントースターで焼いてくれました。つよしさんは焼きたての万願寺のヘタを持って、みそをお箸でちょこんとつけ、「これが、大好物なんですー」とはにかみながら、おいしそうにかじりついていたっけ。焼き浸しは万願寺唐辛子がポピュラーですが、小振りのピーマンを使ってもおいしくできます。

小鍋にだし汁¾カップ、酒とみりん各大サジ1、醤油大サジ1と½を合わせてひと煮立ちさせ、保存容器に移し入れます。ピーマンはヘタだけ手でちぎり、ワタと種をつけたまま半分に切ります。焼き網を強火で熱してピーマンを並べ、ところどころに焼き目がつくよう表裏をさっと焼き、熱いうちに保存容器の浸し汁に浸していきます。粗熱がとれたら、ピーマンをたて半分に切ると食べやすいです。軽く浸したものも、ひと晩浸したものもどちらもおいしい。浸し汁は煮立てて味をととのえれば、もういちど使えます。

ポークソテー

豚ロース厚切り肉1枚（約120g）　にんにく½片　大根2㎝
バルサミコ酢　バター　その他調味料（1人分）

ガツンとお肉を食べたくなった時、豚ロース厚切り肉の2枚入りのパックをよく買います。1枚はソテーにして食べ、残りの1枚はひと口大に切って、酒、塩、ごま油を少量ずつもみ込んでおくと日持ちがするので、炒めものやチャーハンなどいろいろに使えて便利なのです。ポークソテーは酒、醬油、バターでソースを作ることが多いのですが、これはバルサミコ酢を加えた変わり種。たまたま冷蔵庫に残っていた大根おろしを加えたら、軽さが加わって、ご飯に合うソースになりました。つけ合わせは、青じそやピーマンの細切りを加えたキャベツのせん切り。マッシュポテトもよく合います。

豚肉は焼いた時に反らないように、白身と赤身の間に包丁を入れてスジ切りします。さらに包丁の背で軽くたたいておくと、やわらかく焼けます。おろしたにんにくをすり込み、塩ひとつまみと黒こしょうをふって下味をつけます。大根はすりおろし、ザルに上げて水けを切ります。フライパンを強火にかけてサラダオイル小サジ1を熱し、豚肉を焼きます。こんがりとした焼き目がついたら裏返し、フタをして弱火で中まで火を通します(焼きすぎに注意!)。豚肉を焼いている間に、バルサミコ酢大サジ½、酒大サジ1、醤油小サジ2を合わせておきましょう。豚肉が焼けたら食べやすく切り、好みのつけ合わせとともに器に盛りつけます。肉を焼いたフライパンのよけいな油をふきとり、合わせた調味料とバター5グラムを加え、中火にかけてスプーンで混ぜます。軽くとろみがついたら大根おろしを加えてざっと混ぜ、こしょうをふって肉の上からまわしかけ、できあがりです。

お刺し身のごまヅケ＆すだちのしぼりかけご飯

ご飯　お刺し身3種盛り（サーモン、ハマチ、赤身のマグロなど）150g　みょうが1個　青じそ2枚　すだち2個　焼き海苔½枚　ワサビ　白炒りごま　その他調味料（2人分）

炊きたてのご飯にすだちをしぼって食べるのは、ずいぶん前に古本屋さんでみつけた『料理発見』で知りました。著者の甘糟幸子《あまかす》さんが友だちから教わったのは、「白い炊きたてのご飯の上にスダチの搾《しぼ》り汁をしたたらせ、お醤油を二、三滴たらして、ちょちょっとかきまわして食べる」。食いしん坊の彼女はそれだけでは飽き足らず、マグロのトロを買ってきてひと口大に切り、焼き海苔とワサビを添えて食べてみます。「味の組み合わせとしては上等ですが、お醤油をつけるだけではトロの味がしまらないのです。トロを少しの間、お醤油に漬けてから食べてみたら、想像していた味とぴったり合いました」。トロは私にはちょっと贅沢。それで炒りごまをたっぷりすって、白身のお刺し身を中心にごまヅケにしてみたのがこのレシピ。すだちをしぼりかけたご飯は、甘くないすし飯のようです。

まず、ヅケのタレを作ります。酒大サジ2、みりん大サジ½、薄口醤油大サジ1と½を小鍋に合わせて煮立て、粗熱がとれたらごま油小サジ1とワサビ適量を加え混ぜます。タレが完全に冷めてから、食べやすく切ったお刺し身を浸け、冷蔵庫に入れて30分以上なじませておきます（次の日までおいたものもねっとりとしてまたおいしい）。白ごま大サジ2はフライパンで香ばしく炒り、すり鉢で半ずりにします。つけておいたお刺身にすりごまを混ぜて、放射状に器に並べ、みょうがと青じその細切りをちらします。茶わんに盛った炊きたてのご飯にすだちをしぼりかけ、焼き海苔をちぎってのせ、ごまヅケのお刺し身でくるんでいただきます。

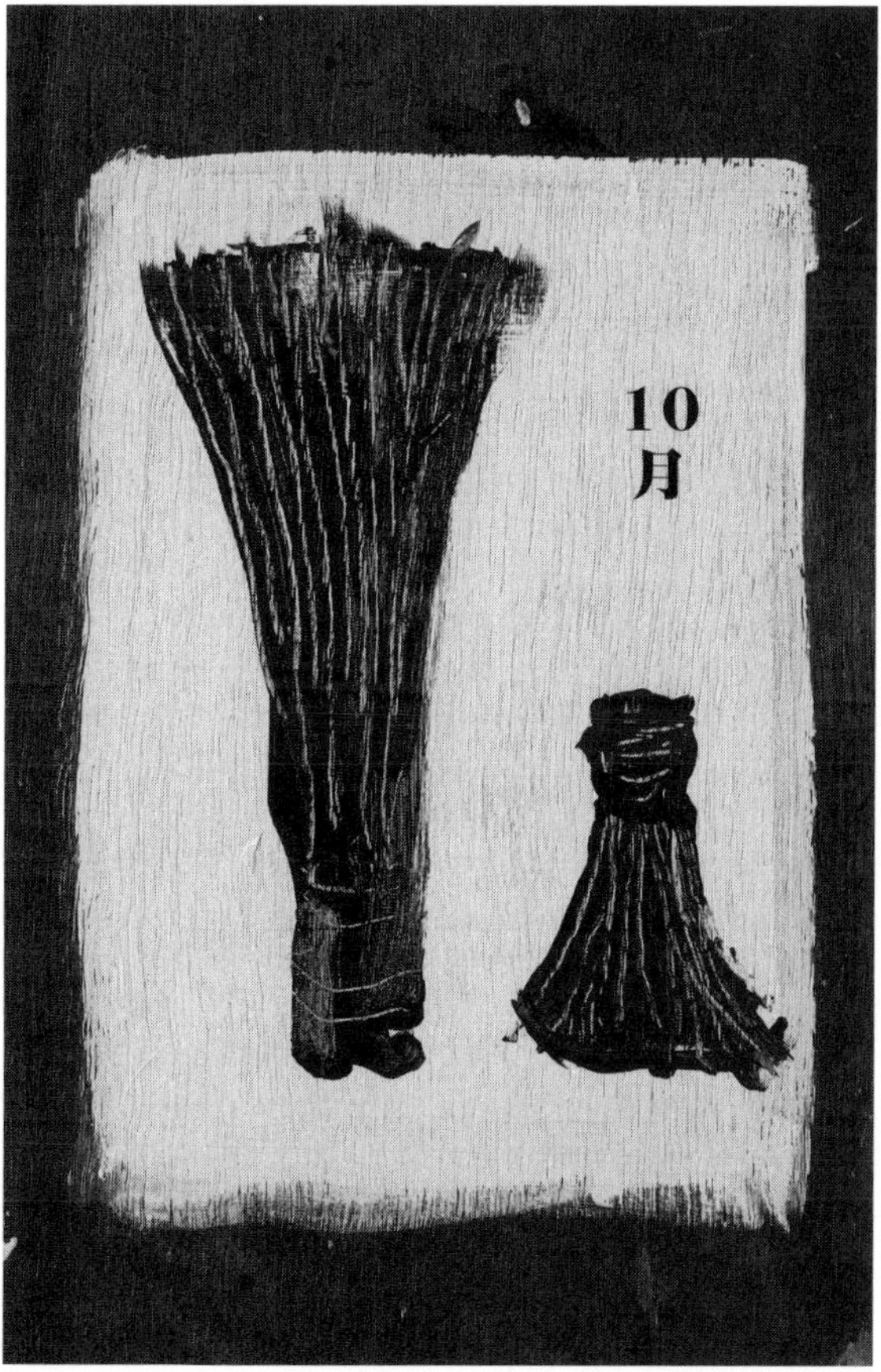
10月

豆腐入りドライカレー

ご飯　木綿豆腐1丁　豚ひき肉300g　にんにく2片　玉ねぎ½個　トリガラスープの素　豆板醤　カレー粉　目玉焼きかゆで卵　その他調味料（4人分）

ドライカレーにみそを入れると、ちょっと懐かしいような味になります。材料は麻婆豆腐に似ていますが、これはヘルシーなドライカレー。丼にするとてもおいしいのです。

まず半分に切った豆腐を、水からゆらゆらとゆで、ザルに上げてよく水を切り、1センチ厚さに切っておきます（ペーパータオルに包んで重しをのせて水切りしてもよいけれど、ゆでた方が早いです）。フライパンにサラダオイルをひき、にんにくのみじん切りを炒めます。香りが出てきたら玉ねぎのみじん切りも加え、軽く色がつくまで炒めます。ひき肉を加えてポロポロになるまで炒めたら、フライパンの端に寄せて、あいたところで豆腐を焼きつけます。表裏がこんがり焼けたら適当にくずし、カレー粉大サジ3、豆板醤小サジ1、みそ大サジ3、酒大サジ3、トリガラスープの素小サジ2を加えて炒め合わせます。仕上げにトマトケチャップ、ソース、醤油のどれか（あなたがいつもカレーに加えるかくし味）をお好みで加えて、味をととのえてください。香菜があればざくざく刻んで混ぜてもいいし、細ねぎや青じそ、ニラを刻んでもいいと思います。どんぶりにご飯を盛ってドライカレーをかけ、半熟の目玉焼きかゆで卵をのせて、つぶしながら食べてください。

蓮根のフライパン焼き

蓮根1節　その他調味料（2〜3人分）

蓮根は皮の黒っぽいところだけを包丁で薄くむき、1センチ弱の厚さに切ります。ボウルに水を張って、切ったそばからさらすのですが、白くしたくないので酢は加えません。すべて切り終わったら、水をとりかえ、ざっと洗い流し、ザルに上げて布巾かペーパータオルで軽く水けをふきとっておきます。

フライパンを強火にかけ、ごま油でもオリーブオイルでもサラダオイルでも、好みの油を大サジ1ほど入れます。すぐに蓮根を並べ、そのまま放っておきます。じっくりと香ばしい焼き色をつけるためなので、できるだけいじらずにじりじりと焼いてください。しばらくして蓮根が透き通ってきたら、焼き色を確認してから裏返します。裏は軽く焼くだけでオーケー。ここで、好みの調味料を加えます。塩と黒こしょうだけでもいいし、酒、みりん、薄口醤油で炒りつけ、きんぴら風にしてもいい。

酒とナンプラーを加えて、こしょうをひくのも香ばしくておいしいです。だいじなのは、蓮根が持っている甘さや滋味をいかすために、調味料はごくひかえめにすることです。ためしに、何もふりかけずに食べてみたら、蓮根そのもののおいしい力が分かると思います。

＊もうひとつおまけで「蓮根の薄味煮」のレシピを。厚切りでも乱切りでも、大きめに切った蓮根1節分を鍋に入れたら、酒大サジ2、みりん小サジ1〜2、ひたひたのだし汁を加え、塩と薄口醤油で味を薄めにつけます。だし昆布5センチ角を1枚のせて強火にかけ、沸いてきたら弱火でことこと煮ます。食べてみて、蓮根がねっちりと糸をひくような歯触りになったらできあがり。

百合根入り茶わん蒸し、きのこあんかけ

百合根1個　卵3個　だし汁　椎茸3枚　三つ葉　その他調味料
（3〜4人分）

茶わん蒸しというと、いろんな具を用意しなければならないようで、なんとなく敬遠していましたが、ある日、冷蔵庫に卵しかなかった時、思い切って具を入れずに作ってみました。どんぶりでいちどに蒸し、上からあんをかけて生姜をおろしたら、熱々とろっとろの、それだけで充分なごちそうになりました。卵1個にだし汁1カップという割合はいくらかやわらかめですが、だし汁が多い分、スが入りにくいような気がします。なんといっても覚えやすい割合。もう少し硬めが好きな方は、だし汁を心持ち減らせばいいのです。「百合根入りきのこあんかけ」は、さらにその豪華版です。

百合根は根元を切り落とし、ボウルにはった水の中でバラバラにほぐします。茶色くなったところだけ包丁で切り取り、花

びらくらいの大きさに切りそろえます。これを、塩ひとつまみ入れた熱湯でさっとゆで（すぐにやわらかくなるので注意。まわりが透き通り、まん中が白いくらいでＯＫ）、ザルに上げておきます。ボウルに卵をよく溶きほぐし、だし汁3カップと薄口醬油小サジ1と塩少々を加えてほんのり味をつけます。ザルでこしながらどんぶりや大鉢に流し入れ、ゆでた百合根を加え、蒸気の上がったセイロか蒸し器に入れて15～20分ほど蒸します。竹串をさしてみて、澄んだ汁が出てきたら蒸し上がり。次にあんを作ります。小鍋にだし汁1カップ、酒大サジ1、みりん大サジ½、薄口醬油大サジ1を煮立たせ、薄切りにした椎茸を加えます。ふたたび煮立ったらアクをすくって、水溶き片栗粉でとろみをつけ、蒸したての茶わん蒸しにまわしかけます。刻んだ三つ葉をあしらって、熱々をどうぞ。

秋鮭のみそづけ焼き

生鮭2切れ　小松菜　にんにく½片　生姜1片　かぼすかすだち
その他調味料（2人分）

鮭がおいしい季節です。カナダ産のキングサーモンはいつでもありますが、北海道や東北産の「秋鮭」が出てくると、ムニエルやフライにしたり、片栗粉をはたいて焼いたものをめんつゆにつけて焼き浸しにしたり、いろいろに楽しみます。どんな調理をするにしても、秋鮭は身が厚く、わりあい淡白なので、下味をしっかりめにつけた方がいいと思います。みそづけにするとほどよく味がしみて、とてもいいおかずに。わが家のみそづけはガーゼに包んだりせず、みそ床に直接もぐらせてつけてしまう簡単なもの。ただし焦げやすいので、完全にみそをぬぐってから焼いてください。みそ床は2〜3度くり返し使えます。かじきマグロや鰆《さわら》、たらなどにも合います。

まずみそ床を作ります。みそ（くせのない淡色のもの）大サジ7を酒大サジ2、みりん大サジ3で少し甘めにのばし、すりおろしたにんにくと生姜、ごま油小サジ1を加えてなめらかに混ぜ合わせます。このみそ床を密閉容器に移し、鮭の切り身を並べ入れ、みそをかぶせて1日つけます。焼く直前に、みそをぬぐってさっと水をくぐらせ、水けをふきとっておきます。フライパンを強火にかけてごま油小サジ1を熱し、身の方を下にして鮭を並べます。中火に落としてフタをし、焦げつかないように気をつけながら焼きます。こんがりと焼き色がついたら返し、弱火でフタをして中まで火を通します。器に盛りつけ、ゆでた小松菜とかぼすかすだちを添えます。好みで大根おろしも添えてください。

＊うちには魚焼き用のグリルがないのでフライパンで焼いていますが、グリルでもためしてみてください。

イカワタ入りトマト煮のスパゲティ

スパゲティ180g　スルメイカ1パイ　トマトソース1カップ
バジル（ドライ）　オレガノ（ドライ）　バター　その他調味料（2人分）

イカは一年中あるけれど、スーパーの魚売り場を見ていると、季節を追うごとに大きさが移り変わっていくのが分かります。春先に出まわるヤリイカの小ぶりのものは、身がとてもやわらかく、さっとゆでるだけでとてもおいしいものですが、この料理は腹ワタも大きくなった秋冬のスルメイカを使ってください。

まず137ページを参照してトマトソースを作ります。イカはさばき、ワタを取りよけておきます。胴は皮つきのまま1センチ幅の輪切り、足は2本ずつ切りはなし、半分の長さに切ります。ワタは2センチ幅に切っておきます。フライパンにオリーブオイル大サジ1を熱して強火でイカを炒めます。白っぽくなって軽く火が通ったらワタを加えてさらに炒めます。フライパンの底にワタがこびりつくまでしっかり炒め、白ワイン¼カップをまわしかけます。アルコール分を飛ばしながらフライパンをゆすり、トマトソースを加えて全体をなじませます。バター20グラム、バジル、オレガノを加えて、かくし味に醤油をほんの少し。フツフツしてきたら黒こしょうをひいてできあがり。ゆで上げたスパゲティともに盛りつけます。

イワシのクリーム天火焼き&もちきび入りバターライス

もちきび入りバターライス　イワシ（大きめのもの）2尾　生クリーム⅓カップ　パン粉　オレガノ（ドライ）　バジル（ドライ）　その他調味料（2人分）

「クウクウ」で働いていたころ、厨房のオーブンにはたえず火が入っていました。オーダーが入りはじめると次々に料理を作ってゆくのですが、肉を焼いたり魚を焼いたりする時、強火のフライパンで片面だけ焼いて、あとはオーブンの熱に任せる調理法を覚えました。そうすると上から下からまんべんなく熱が入り、とてもジューシーに仕上がるのです。この料理もまた、ほどよいイワシの焼き加減に、きっと驚かれることと思います。めいめいのお皿にもちきび入りのバターライスをよそっておき、焼きたてを取り分けて食べてください。ごちそうです。

まず、オーブンを200度に温めておきます。イワシは脂がのったものを選んでください。頭とワタを取りのぞき、よく洗ったら水けをふきとります。小さい容器にパン粉大サジ2、オレガノ、バジル各小サジ½、オリーブオイル小サジ1を合わせてハーブパン粉を作っておきます。オーブンに入れられる鉄製のフライパンを強火にかけ、オリーブオイル大サジ½をひいて、塩、黒こしょうをふったイワシを並べて焼きます。片面に焼き色がついたら裏返し、ハーブパン粉をイワシの上にふりかけ、オーブンで5分ほど焼きます。いったん取り出し、イワシのまわりから生クリームを注いで、さらに3～4分焼きます。ハーブパン粉にうっすらと焼き色がつき、生クリームがフツフツしてきたら焼き上がり。フライパンごと食卓に出してください。

☆もちきび入りバターライス（4人分）…米を2合といでいつもの水加減にしたら、もちきび大サジ1、大サジ1の水、バター10グラム、ローリエ1枚、刻んだコンソメスープの素½個、塩ひとつまみを加え、30分浸水させて普通に炊きます。

里芋入りおでん

里芋4個　厚揚げ1枚　コンニャク1枚　ちくわ大2本　さつま揚げ4枚　大根⅓本　ゆで卵　だし汁　その他調味料(作りやすい分量)

里芋の薄味煮が大好きなスイセイのアイデアで生まれたレシピ。わが家のおでんはいつも、昆布とかつおのだし汁に酒と塩だけで味をつけて煮ていますが（煮立てないよう気をつけながら）、里芋の薄味煮の味を思い浮かべながら、薄口醤油をほんの少し加えたところ、とてもおいしいおでんができました。ポイントは、下ゆでした里芋のぬめりを洗い流してから、他の具材とは時間差で加えること。これで煮汁がにごりません。里芋以外の具は、お好みでどうぞ。

まず、材料の下ごしらえから。コンニャクは三角形に切り、よく味がしみるようまんべんなくフォークで穴をあけます。水から5分ほど下ゆでしてください。大根は3センチ厚さに切って皮をむき、これも水から下ゆでします。厚揚げは三角形に切り、ちくわは斜め半分に切ります。土鍋にだし汁1.5リットル、酒大サジ3、薄口醤油小サジ1、塩小サジ1を合わせ、いちど煮立たせます。下ごしらえした材料を加えてフタをし、ごく弱火にします。決して煮立てずに、そのまま2時間ほど煮てください。煮ている間に、ころ合いをみながら里芋の皮をむき、水から下ゆでします。竹串がスッと通るまでゆでたらザルに上げ、流水をかけてざっとぬめりを取ります。土鍋に里芋を加え、さらに30分〜1時間ほど、味がしみるまで煮ます。

＊おでんに添える練り辛子は、チューブ入りのものでもよいけれど、粉辛子を煮汁で溶くと辛みがまろやかになり、お店のおでんのようになります。

手羽元と大根の煮物（&煮豚）

鶏手羽元5本　大根⅓本　ゆで卵2個　生姜（皮つき）2片
八角（バラバラにしたもの）1片　長ねぎ（青い部分）1本
その他調味料（2人分）

手羽元と大根の煮物は、煮豚と同じ煮汁で作ります。日記によると、「煮豚を作りながら同じ鍋で手羽元と大根を煮た」とあります。ではまず、煮豚のレシピからお伝えしましょう。保存がきくものなので、私はいつも豚肩ロース肉500グラムの塊を2本分、大鍋で仕込んでしまいます。調味料は酒½カップ、醤油¼カップ、きび砂糖大サジ5、ここに5カップの水を加えて、たっぷりめの煮汁でじわじわと弱火で煮ていきます。肉に火が通ったあたりでいちど取り出し、とろみが出るまで強火で煮汁をかなり煮詰めたら、肉をもどし入れ、タレとしてからめます。調味料の配分が覚えやすく、味も決まりやすいので、友人たちにも好評なこの煮豚は、煮はじめたらほったらかしにしておいても、必ずやおいしくできます。

次に、手羽元と大根の煮物。大根は3センチ厚さに切って皮をむき、半月切りにして水から下ゆでしておきます。ちょっとひと手間ですが、これでぐんと味がしみやすくなります。鍋に「煮豚」の半量の調味料と水3カップを合わせ、大根と手羽元を加えて強火にかけます。煮立ったらアクをすくい、生姜、八角、長ねぎを加えてフタをし、弱火で40分から1時間ほどかけて煮込みます。とちゅうでゆで卵を加えてください。煮汁が半分くらいに減り、大根に味がしみたら、水溶き片栗粉を煮汁をめがけて加え混ぜ、とろみをつけます。仕上げにごま油を大サジ1加えて強火で煮立て、ツヤが出たらできあがり。

＊煮汁ごとご飯にぶっかけ、粉山椒をふりかけて食べてみてください。小松菜や蕪の葉など、ゆでた青菜を添えると彩りがきれいです。

じゃが芋とにんにくの鍋蒸し焼き

小粒じゃが芋12個くらい　にんにく（大）3片　ローリエ1枚
なたね油（またはオリーブオイル）　その他調味料（3人分）

これは、絵描きの中野さんのお得意料理。もとはといえばお姉さんがル・クルーゼの鍋を買った時、付録のレシピブックに載っていたのをたまたま作ってみたら、とてもうまくできたんだそうです。多めの油を熱し、フタをしてじっくりと火を通すことで、じゃが芋がねっちり、ほくほくに蒸し焼きされます。皮はじめて作ってもらった時、そのおいしさに感激しました。皮の香ばしさもこたえられません。コツは、「火にかけたら、鍋のそばをつかず離れず。放っておくけれど、ほったらかしではありません。鍋の中の様子を、映像として想像してます。匂いや音とかが合体して届くんだと思います」とのこと。

じゃが芋はタワシで泥をこすり洗い、ザルに上げて水けをしっかりふきとっておきます。厚手の鍋になたね油大サジ4

をひき、じゃが芋と薄皮つきのにんにくを並べます。ローリエをのせ、フタをして中弱火にかけます。チリチリパチパチと音がしてきたら1分ほど待ち、ごく弱火にして15分放っておきます。パンパンと花火のような音がしますが、フタは開けずに火を通していきます。オイルに守られているので、焦げる心配はありません。とちゅうでいちどフタを開け、じゃが芋とにんにくをひっくり返して、すぐにまたフタをします。フタの表面についた水滴は、鍋の中に落とさないようにしてください。さらに15分ほど、蒸し焼きにします。竹串を刺してスッと通ったら、塩と黒こしょうをふってフタをし、しばらくおいてから火を止めます。フタを開け、鍋をゆすってできあがり。

*じゃが芋の皮にシワが寄ってしまったら、火の通しすぎです。何度か作って、ころ合いのタイミングをみつけてください。

鴨南蛮風
釜揚げうどん

讃岐うどん（半生）１００g　鶏もも肉½枚　長ねぎ（白い部分）
７㎝　だし昆布７㎝角１枚　干し椎茸（どんこ）１枚　かつお節
にぼし５〜６尾　その他調味料（１人分）

日記にも登場する、ノブさんこと一井伸行《いちいのぶゆき》さんは、会社勤めの傍《かたわ》らに「NOBUうどん」というワークショップを開いています（『ノブうどん帖』というご著書もあります）。うどん打ちやだしのとり方のイロハは、お父さんが営んでいたうどん屋さんを手伝ううちに、自然と身についていったそうです。ノブさんのおうどんは、日記にも書いた通り「真っ白で、つるつるで、やわらかいのにコシがある」。それは、私が感じるノブさんのお人柄にそっくり。そして、ノブさん手作りの「焼きねぎと豚肉、えのきの入った鴨南蛮風のおつゆ」がまた、甘すぎず、からすぎず、コクのあるとってても深い味わいで……その味を思い出しながら、私なりにこしらえたのが、このレシピです。

だし昆布と干し椎茸を3カップの水に浸けます。干し椎茸がもどりはじめたころ、にぼしの頭を取って加え、さらに3〜4時間おきます。鍋に移し入れ、煮立ったらアクをすくって弱火でコトコト。味をみていい味が出ていたら、かつお節をひとつかみ加えてもうしばらく煮、ザルでこします（これで2カップ強になっているはず）。だし汁2カップと、だしを取ったあとの干し椎茸を薄切りにして鍋に入れ、酒とみりん各大サジ1と½、醤油大サジ2を加えて強火にかけます。煮立ったらひと口大に切った鶏肉を加え、火が通るまで弱火で煮て、たて4等分に切った長ねぎを加えたら、つけつゆの完成。讃岐うどんは、たっぷりの湯で袋の表示通りにゆで、ゆで上がったうどんをゆで汁とともにどんぶりに移し、釜揚げにします。熱々のつけつゆとともにどうぞ。黒七味がよく合います。

蓮根つくね

蓮根（中）1節（約220g）　鶏ももひき肉200g　卵½個
細ねぎ1本　生姜1片　その他調味料（3〜4人分）

輪切りにした蓮根の片面にこんもりのせた鶏つくね。シャキッとした蓮根の歯ごたえと、ふんわりとしたつくねがいちどに味わえます。日記にも出てきますが、京都「nowaki」での「クウクウ」マスターの展覧会の夜、〃バー高山〃のメニューになりました。甘辛いタレをからめたしっかりめの味なので、レタスやキャベツのせん切りを添えてみてください。マヨネーズとの組み合わせもまたおいしい。タレをからめずに、山椒塩や柚子こしょうであっさりと食べるのもおすすめです。

蓮根はところどころ皮をむき、1センチ弱の厚さに切って薄い酢水に浸けておきます。ねぎは小口切り、生姜はすりおろします。ボウルにひき肉、ねぎ、生姜、溶き卵、塩と黒こしょう各少々、片栗粉大サジ2を加えて粘りが出るまでよく混ぜます。

蓮根の水けをよくふきとり、片栗粉を両面に薄くまぶします。片面に、パレットナイフなどで肉だねをこんもりとのせ、肉だねの表面にも片栗粉をふりかけます。フライパンにごま油大サジ1を入れて中火にかけ、肉だねの面を上にした蓮根を並べ、フタをして焼きます。蓮根に焼き目がついたら裏返し、再びフタをして弱火で蒸し焼きにします。焼いている間に、小さな器にみりん、きび砂糖各大サジ1、酒、醤油各大サジ2を合わせ、砂糖が溶けるまでよく混ぜておきます。肉だねに竹串をさし、中まで火が通っているのを確かめたら、よけいな油をふきとって、合わせておいた調味料を加えます。タレに軽くとろみがつくまでからめたらできあがり。つくねの中央に粉山椒や七味唐辛子をちょこんとのせると、粋な感じになります。

ヒイカのトマトソーススパゲティ

スパゲティ180g　ヒイカ1パック（250g）　トマトソース1カップ　にんにく1片　バター　バジル(ドライ)　オレガノ(ドライ)　その他調味料（2人分）

ヒイカは体長10センチほどの小さなイカ。身が薄くてやわらかく、甘みがあります。食べられないのは軟骨くらい。小さくてもワタや墨袋がちゃんとついているので、新鮮なものなら頭からざくざく切って、私はあますところなく使い切ります。秋から冬にかけてのヒイカは墨袋が大きく、赤黒い濃厚なソースになります。

ヒイカは胴体に指を入れ、足のつけ根をはずします。墨袋をつぶさないよう気をつけながら、ワタごとそっと足を引き抜いてください。胴に張りついている軟骨を引き抜き、胴は3センチ幅のざく切りにしてザルに。足やワタは4センチの長さに切って、すべて容器に入れておきます。塩を加えたたっぷりの湯で、スパゲティをゆではじめます。フライパンにオリーブオイル大サジ2をひき、にんにくの薄切りを弱火で炒めます。香りが出たら強火にして、水けを切った胴を加え、軽く炒めます。足、ワタ、墨袋を加え、全体に火が通ったら酒大サジ2をふりかけます。アルコール分が飛んだらトマトソース（137ページ）を加えて軽く煮、ドライバジルとオレガノ各少々、バター20グラムを加えます。スパゲティのゆで汁を大サジ2ほど加えて混ぜ、ゆであげたスパゲティを和えたら完成です。

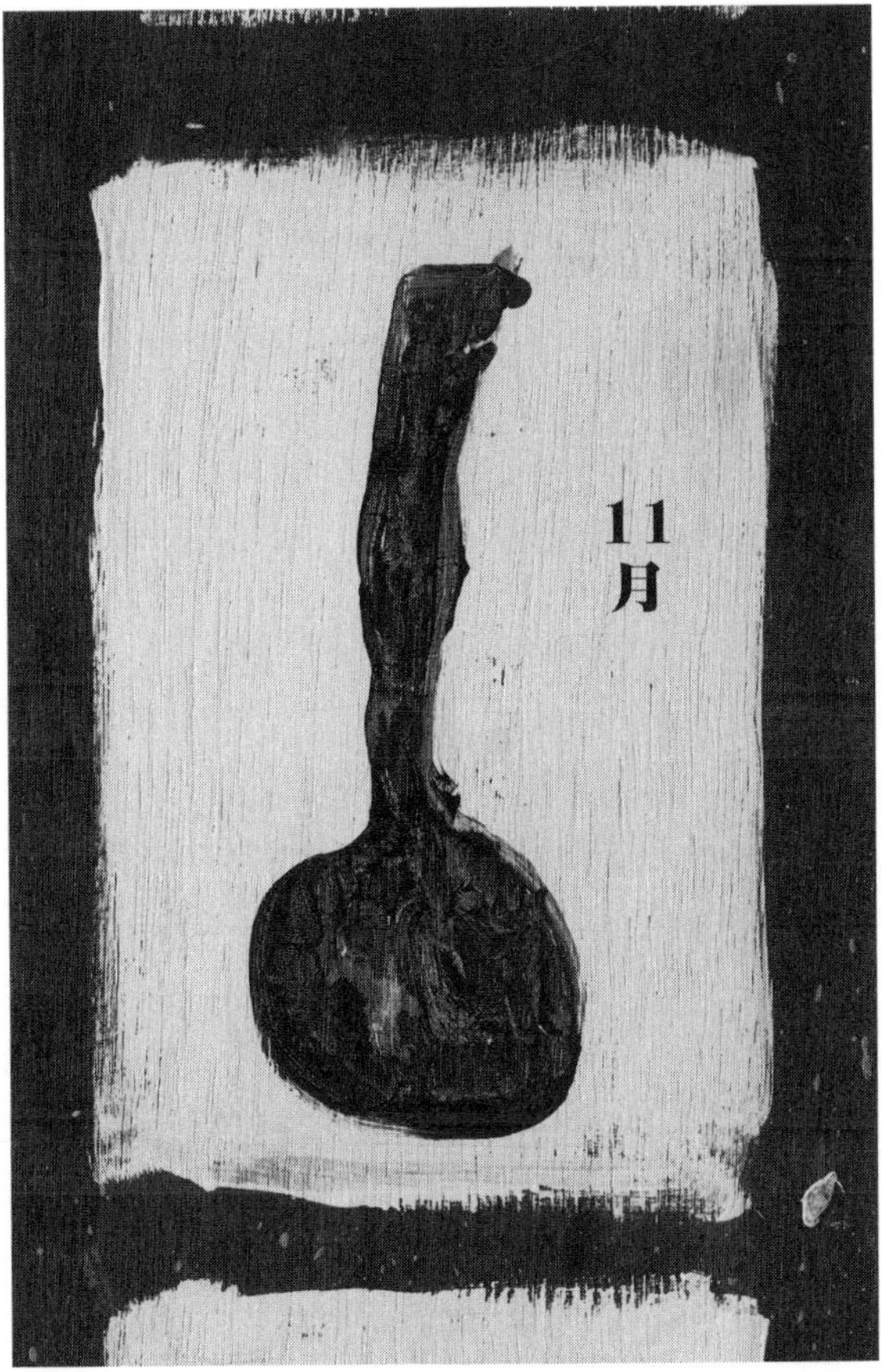
11月

イワシの
梅ねぎたたき

イワシ（刺し身用）２尾　梅干し１〜２個　青じそ５枚　長ねぎ（白い部分）８㎝　生姜１片　その他調味料（２人分）

ピカピカ太った新鮮なイワシをみつけたら、迷わず「たたき」にしましょう。きれいに刺し身にするのはなかなかむずかしいけれど、刻んでたたいてしまえば格好がつきます。うちでは夏の間はみょうが、青唐辛子、青じそ、生姜、にんにく、みそといっしょにたたいて、「なめろう」をよく作ります。小皿にとってすだちやかぼすをしぼり、なければ米酢をちょっとかけて食べます。イワシと梅干しも相性がいいですね。筒切りにしたイワシを、酒、砂糖と梅種醤油（１２３ページ）で甘辛く煮つけるのもおいしいです。これは、残った梅干しの種をビンに入れて醤油を注いだもの。冷蔵庫にいつも入れておいて、思い出しては使っています。もとはといえば、昔「クウクウ」で、あまった梅干しの種も捨てずに活用していたエバ子のがお手本になっているのです。ごま油をちょいと加えたりすると、いいタレになります。

では作り方です。まず薬味の準備をしましょう。青じそ、ねぎ、生姜はそれぞれ適当に刻み、梅干しを加えて、まな板の上でさらに細かく刻みながら混ぜ、ボウルに入れておきます。イワシにウロコが残っていたら軽くこすって洗い流し、頭とワタを取り、三枚におろします。目立つ骨だけ指で取って皮をむき（頭がついていた方からむくとやりやすい）ざっと洗って、水けをふきとります。まな板に皮目を上にして1尾分ずつのせ、端から刻んでいき、さらに包丁で小骨ごとたたいて薬味のボウルに加え、ざっくりと混ぜます。器にこんもり盛りつけ、醤油をちょっとつけて食べてください。これは、ご飯といっしょに焼き海苔で巻いてもおいしい。小骨が気になる方は、もちろん取りのぞいてからたたいてください。

みかんのバターケーキ

バター100g　卵3個　きび砂糖120g　コーンスターチ100g
薄力粉50g　ベーキングパウダー小サジ1　ラム酒　みかん2個
（18㎝のスポンジ型1台分）

コーンスターチが入るので、まわりがざくっとした素朴なバターケーキです。ノーワックスのみかんをみつけたら、皮をとっておいてザルにのせ、部屋の中で陰干しします。最初は大きめにちぎって、乾いてきたら細かくし、カラカラになるまで干してください。

まず、上にのせる飾り用みかんの準備です。皮をむいたみかんを横1センチくらいの厚切りにして小鍋に入れ、きび砂糖大サジ2（分量外）をふりかけます。しばらくすると水分が出てくるので、弱火にかけて煮汁がとろりとするまで軽く煮ます。焼き型にバター（分量外）を塗り、オーブンを180度に温めておきましょう。

①室温にもどしたバターをボウルに入れ、やわらかくなるまで泡立て器で混ぜます。砂糖が混ざりやすくなるので、ここはしっかりめに。きび砂糖（卵白用に大サジ2ほど残しておく）を3回くらいに分けて加えながらかき立てます。ここで白っぽくなるまでしつこくかき立てるのがいちばんのコツ。干したみかんの皮大サジ1を混ぜ、卵黄をひとつずつ加えて静かに混ぜ、ラム酒大サジ1も加え混ぜます。粉類を合わせてふるいながら加え、ざっくりと合わせます。

②別のボウルに卵白を入れ、きび砂糖を加えて角が立つまで硬く泡立てたら、①の生地に加え、泡がつぶれないようにさっくり混ぜます。型に流し入れ、トントンと打ちつけて空気をぬき、みかんの煮たものを上にのせて、オーブンで40〜50分焼きます。とちゅう、みかんの煮汁をハケで塗ると、焼き上がりにツヤが出ます。

キムチチャーハン

玄米ご飯　牛コマ切れ肉１００g　キムチ１００g　コチュジャン
トマトケチャップ　目玉焼き2枚　その他調味料（2人分）

何年か前、韓国の田舎を旅した時に、たまたま入った食堂でキムチチャーハンを食べました。食堂といっても、普通の民家のようなところ。台所でオモニが料理を作り、居間でくつろいでいたお父さんが宿題をしている息子の脇を通って、土間にしつらえた食卓まで運んでくれました。コチュジャンだけでなくケチャップも混ざって、日本のチキンライスを思い出すような味。半熟の目玉焼きの黄身をくずして食べた、甘辛く香ばしい味が忘れられません。キムチチャーハンを作る時には、ついあの味を思い出しながら作ってしまいます。

牛肉はひと口大に、キムチも大まかに刻んでおきます。フライパンを強火にかけ、ごま油大サジ1で牛肉を炒めます。色が変わってきたら軽く塩、こしょうをして玄米ご飯を加え、よく炒めます。玄米のチャーハンは焦げるくらいによく焼きつけるのがコツ。フライパンいっぱいに広げて、しばらく焼けるまで待ち、ひっくり返してはまた広げて焼きつけるをくり返し、香ばしく火を通してください。玄米をよく炒めたらキムチを加えます。さらにもう少し炒め、コチュジャン小サジ1、トマトケチャップ大サジ2、キムチの汁を加えて全体に味をからませます。キムチの塩加減はいろいろなので、足りなかったら醤油やナンプラーで味をととのえ、辛いのが好きな方は一味唐辛子も加えてください。器に盛りつけ、目玉焼きを上にのせます。オモニのは、ここに黄色いたくわんがついていきました。

小松菜と油揚げの煮浸し

小松菜⅔束　油揚げ1枚　だし汁　その他調味料（2人分）

小松菜が根元の方までみっちり太り、おいしくなってきました。このレシピは、行平鍋などで炒め煮にする煮浸しではなく、少ない水分で小松菜を蒸し煮するやり方。厚手の鍋でぴっちりフタをし、蒸気を逃さないことで、短時間で調理されます。フタについた水滴も大事な水分なので、不用意に開けたり閉めたりせず、鍋のたてる音や匂いに集中して、自分の感覚をたよりにしてください。小松菜のみずみずしい緑がごま油でくるまれ、ツヤツヤのシャキシャキに仕上がったら大成功です。

小松菜は根元ぎりぎりのところで根を切り落とし、根元に十文字の切り込みを入れ、4〜5センチ長さのざく切りにします。大きめのボウルに水を張って放ち、ふり洗いして泥を落とし、ザルに上げて水けをよく切っておきます。油揚げはたて半分にして3センチくらいの幅に切ります。厚手の鍋を中弱火にかけ、ごま油小サジ1を熱します。ここに油揚げを加えて広げ、香ばしい焦げ目がついてカリカリになるまでじっくりと焼きつけます。焼きつけている間に調味料の準備をしておきます。ここからは瞬間芸です。油揚げの両面が焼けたら強火にし、小松菜とごま油小サジ2を加え、ざっとひと混ぜして、塩ひとつまみ、薄口醤油小サジ2、だし汁¼カップを加えてすぐにフタをします。ゴトゴトと煮立っている音がしたら火を弱め、小松菜が半生くらいのところで火を止め、全体をざっと混ぜて器に盛ります。

＊器によっている間にも余熱でしんなりしてしまいます。ちょっと早いかな？というくらいで火を止めてください。また、ごま油は香りが強すぎないものを。もしも強い場合は、サラダオイルと半々で合わせてみてください。

冬瓜と青じその塩もみ

冬瓜1/8個　青じそ5枚　白炒りごま　柚子こしょう　その他調味料（2〜3人分）

夏に収穫して冬の間まで食べられるので、冬瓜というそうです。冬瓜はすまし汁にして子どものころから食べていましたが、生でも食べられることを知ったのは、はじめての沖縄旅行でのことでした。西表島の民宿で夕飯の手伝いをしていた時、おばあに教わりました。沖縄では冬瓜のことをシブイと呼ぶのですね。皮の緑色も濃く、ひとまわり大きい野生的なのがゴロゴロと食卓の下に転がしてあって、動物みたいだったのを覚えています。おばあは細長く切り分けた冬瓜をたてに持ち、ピーラーでシャッシャッと長い薄切りにしていました。かんぴょうのようなのが、大きなボウルにどんどん落ちてゆきます。民宿のお客さんと家族の分も作るので、なにしろ大量なのです。塩もみにしたのをキュッとしぼって、ツナの缶詰（油もおいしいからと入れていました）を加え、ポン酢醤油で味つけ。これが、本当においしかった。考えてみれば、冬瓜は瓜の仲間だから、塩もみにしたり、サラダにしてもおいしいわけです。歯ごたえもシャリシャリして珍しいので、お客さんに出すと必ず、「これ何？」と聞かれます。

では私のレシピです。冬瓜は緑色が淡く残るくらいに薄めに皮をむいて、ワタと種をかき出します。端から薄切りにしてボウルに入れ、塩ふたつまみをふって軽くなじませておきます。しんなりしてきたら、出てきた水分を軽くしぼって、青じそのせん切りを加え、好みの量の柚子こしょう、ごま油小サジ2を加え、器に盛りつけます。香ばしく炒った白ごまを指でひねりつぶしながらふってできあがり。食べる前に薄口醤油をちょっとたらします。

自家製 デミグラスソース

牛ひき肉500g　人参1本　セロリ1本　玉ねぎ½個　ミニトマト½パック　赤ワイン½本　トマトジュース2カップ　ローリエ　その他調味料（作りやすい分量）

料理雑誌に載っていた洋食屋さんのレシピを、私風にアレンジしました。赤ワインの飲み残しがある時に作っておいて、密封ポリ袋で冷凍しておきます。使う分だけポキポキ折って、ハヤシライス、ビーフシチュー、ビーフストロガノフのコク出しに使ってみてください。いっぺんに本格的な味になります。

まず人参、セロリ、玉ねぎをすべてさいの目に切って、サラダオイルで炒めます。フライパンは強火のまま、焦げるくらいによく炒めるのが香ばしく仕上がるコツです（オイルは少なめがよい）。野菜に焼き色がついたところで、半分に切ったミニトマトを加えて炒めます。ひき肉を加えてざっと炒めたら（半生でよい）、煮込み用の大鍋に移します。野菜類を炒めたフライパンは洗わずに強火にかけ、ワインを注ぎます。香ばしい焦げつきをこそげ落とすようにしながら煮立て、これも大鍋に移し入れます。トマトジュース、水1リットルを大鍋に加えてざっと混ぜ、強火にかけます。アクをすくって弱火にし、ローリエ2枚を加えてコトコト煮ます。最初の半分の量になったら水を加え、煮込む前の量に調整して、さらに煮てゆきます。アクや脂をすくいながら、最終的に煮込む前の半量になるまで煮て、ザルでこします。だいたい3時間くらいかかります。薄力粉40グラムをフライパンで薄い茶色（ワインのコルクのような色）になるまでじっくり炒めます。いちど火を止めて粗熱をとり、こした煮汁をお玉で1杯ずつ加えながら粉となじませ、のばしていきます。煮汁をすべて加え、なめらかなとろみがついたらできあがり。

*こした具は、カレールウとガラムマサラを加え、キーマカレーにしてもおいしいです。

わが家のざる蕎麦

蕎麦（乾麺）1袋　麺つゆ（市販のもの）　卵黄1個　山芋4㎝　大根3㎝　水菜⅓束　長ねぎ（白い部分）5㎝　ワサビ　焼き海苔（2人分）

　蕎麦はスイセイの大好物。とくに会津の「裁ちそば」という乾麺がお気に入りでした。「奈良屋」というメーカーのものです。粗びきの蕎麦粉で作っているそうで、麺の太さもさまざま。蕎麦粉の香りが残る素朴な味わいです。どこにでも売っているわけではないので、「東急デパート」か「紀ノ国屋」に行くことがあるとよく買いおきしていました。今は、インターネットでなんでも買えますね。麺つゆはお気に入りのものをみつけ、それでもスイセイには少し甘めなので、口に合うよう醤油を加え、水で薄めていました。おともには山芋があれば嬉しいけれど、いつも必ず用意してザルの脇に添えていたのは、ゆでた青菜（蕪の葉や小松菜、水菜など）かワカメ。夏は焼き茄子を添えたり、みょうがや青じそ、ゆでたオクラを刻んだのが薬味に加わったり。玉ねぎのかき揚げを作るのが流行ったこともありました。大晦日には、このお蕎麦を毎年とても楽しみにしていましたっけ。

まず、大鍋に湯を沸かしている間に薬味の支度をします。ねぎを刻み、ワサビとともに小皿に盛ります。山芋はおろし金でおろし、小鉢に盛って卵黄をひとつ落とします。大根もすりおろして水けを軽く切り、小鉢に。水菜はさっとゆで、4センチの長さに切っておきます。焼き海苔は手でちぎり、麺つゆは好みの味つけにととのえて片口に。蕎麦ちょこも用意します。湯が沸いたら、袋の表示通りに蕎麦をゆで（蕎麦湯はとっておき、食べ終わったらつけづゆに加えていただきます）、ザルに上げて流水でもみ洗いし、キリッと冷やします。水けをよく切って受け皿の上にのせ、蕎麦の脇に水菜を添えます。

カレイの煮つけとごぼうの煮物

カレイ1切れ　ごぼう25㎝　生姜（薄切り）2枚　だし汁　その他調味料（作りやすい分量）

「煮魚の残りの汁で、茄子を煮るとおいしいよ」と教えてくれたのは、スタイリストの高橋みどりちゃんでした。子どものころ、煮魚の次の日には、必ずといっていいほどくったり煮えた茄子が出てきたそうです。「母の思い出の味。煮魚よりも私はこっちの方が好きだったくらい」と笑っていました。ひとり暮らしをするようになって、食べ残したおかずはほんのちょっとでもとっておくようになった私。みどりちゃんの話を思い出し、カレイを煮つけた汁で、たまたまあった南瓜を煮てみました。煮汁を水で薄め、酒ときび砂糖で味をととのえて。それが、魚のだしがほどよくきいて、とってもおいしかったのです。ここでは、ごぼうを煮たある日のレシピをお伝えします。

まず、カレイの煮つけから。カレイは皮目に十文字の切り込みを入れます。鍋にだし汁80ミリリットル、酒、みりん、きび砂糖各大サジ1、醤油大サジ1と½を合わせ、生姜の薄切りを加え、強火にかけます。煮立ったらカレイの皮目を上にして入れ、落としブタをして火が通るまで中火（鍋の中が始終泡立っている状態）で煮ます。身くずれしないよう気をつけながら、とちゅうで裏返してください。

続いてごぼうの煮物。ごぼうはタワシでこすって泥を洗い、5センチ長さに切ります。さらにたて4等分に切り、水に浸けてアクをぬきます。小鍋に煮魚の残った汁を入れ、2～3倍の水で薄めて酒と醤油少々で味をととのえます。煮立ったら水けをよく切ったごぼうを加え、落としブタをして味がしみるまで煮ます。

きのこのポルトガル風炒め

舞茸1パック　ひら茸1パック　にんにく（大）1片　卵白2個分
アンチョビソース　ローリエ　オレガノ（ドライ）　バター　その他調味料（2人分）

この料理は、ポルトガルに着いた晩に、ホテルの前の小さなレストランで食べました。ブラウン・マッシュルームをぶつ切りにしたものと、白っぽくてちょっとカマボコ風のものが、にんにくといっしょにオリーブオイルで炒めてありました。アンチョビの味がほんのり、ローリエとオレガノのいい香りもします。それにしても、この白いものは何だろう……ポルトガルはチーズの種類が豊富だから、脂肪分の少ないフレッシュ・チーズのようなものかなと思いながら食べていたのですが、しばらくして卵白だと気づきました。卵の白身をこんなふうに使うなんて、とってもいいアイデア！　神戸に帰ると私は、お客さんが来るたびに真似をして作っていました。「この白いのは何？」

と聞かれるのが楽しいのです。椎茸でもしめじでもマッシュルームでも、お好きなきのこでためしてみてください。

舞茸は手で小房に分けます。ひら茸は1本ずつほぐし、根元を切り落とします。にんにくは半分に切って包丁の背で押しつぶし、ローリエ2枚は大まかにちぎります。卵白は軽く溶きほぐしておいてください。フライパンにオリーブオイル大サジ2とにんにくを入れ、中火で炒めます。にんにくの香りが立ってきたら、強火にしてきのことローリエを加え、炒め合わせます。きのこがしんなりしてきたらアンチョビソース小サジ½とオレガノをひとふり、フライパンをあおるようにしてさらに炒めます。これをフライパンの端に寄せ、空いたところにバター15グラムを落として卵白を流し、薄く広げます。しばらくおいて固まってきたら全体を合わせ、塩と黒こしょうで味をととのえます。

トマト鍋

鶏手羽元４本　粗びきソーセージ４本　大根５㎝　じゃが芋２個　しめじ１パック　白菜１枚半　トマトの水煮缶１カップ　ローリエ　コンソメスープの素　はちみつ　粒マスタード　その他調味料（２人分）

　もとはといえば、絵描きの中野さん宅でよく登場するトマト鍋。日記とは具が違いますが、彼のお姉さんに尋ね、アレンジして作ってみました。コンソメ味の甘酸っぱいトマトスープをあっさりめに作り、火の通りにくい具材から加えて煮ていくのです。人気の〆は、オムライス。具を食べ終わった残りのスープに冷やご飯を加え、ふっくらと煮えたら、溶き卵をたっぷりまわしかけてフタをします。半熟に仕上げ（子どもたちはここに、ピザ用チーズをのせて溶かすのが好きなんだとか）、上手にすくって、めいめいのお皿にオムライスのように盛りつける。ご飯ではなくお米から煮ると、ほんのり芯の残ったリゾット風になり、さらにおいしいんだそうです。あとは、スパゲティを半分に折って（急いでいる時にはゆでてから加える）、じっくり煮るナポリタン風パスタ。スープが少し残っているくらいで火を止めるとよいそう。大人はピリッとタバスコを。

土鍋（または厚手の鍋）にトマトの水煮を入れて手でくずし、500ミリリットルの水を加えて軽く混ぜます。コンソメスープの素1と½個、酒、みりん、トマトケチャップ各大サジ1、きび砂糖小サジ½、はちみつ小サジ1、ローリエ1枚を加え、混ぜながら中火にかけます。煮立ってから鶏肉を加え、ふつふつときたらフタをして弱火。肉に八分通り火が通ったら、皮をむいて乱切りにした大根を。皮をむいたじゃが芋は煮くずれしやすいので、ひとつを半分に切り、大根がやわらかくなってから加えてください。肉や野菜に火が通ったら塩で味をととのえ、ソーセージ、石づきを取りのぞいてほぐしたしめじ、ざく切りの白菜を加え、もうしばらく煮たら、鍋ごと食卓へ。黒こしょうと粒マスタードを添えていただきます。

川原さんの豚の生姜焼き

豚コマ切れ肉1パック（200g） 玉ねぎ½個 生姜1片 その他調味料（2人分）

東京の友人、川原さんの生姜焼きは、肉汁をとじ込めたやわらかな豚肉と、歯ごたえを残した甘い玉ねぎのからみがバツグンのおいしさ。『タモリ倶楽部』のタモリさんの生姜焼きがお手本だそうですが、彼女ならではの工夫があちこちにちりばめられていました。先日、神戸に泊まりにきた川原さんが実演をしてくれました。大きなコツは、薄力粉をまぶした豚肉は油をひかずにフライパンに並べ、できるだけいじらずに表面だけ焼きつけること（中は半生でよい）。そこに、電子レンジで軽く加熱した玉ねぎを加え、調味料をジュッとまわしかけたら、半生の肉に吸わせつつ、からめるようにしながら仕上げの熱を入れること。酒、醤油、みりん、薄力粉がすべて同量というのも覚えやすい！ うちには電子レンジがないので、玉ねぎは炒めてから加えてみました。

酒、みりん、醤油各大サジ2、すりおろした生姜を小さな器に合わせておきます。玉ねぎは1センチ幅のくし形切りにし、さらに半分の長さに切ります（日記では四角く切っていますが、より進化して肉にからまりやすい形になったそう）。豚肉はひと口大に切り、薄力粉を薄くまぶします。フライパンを強火にかけ、油をひかずに豚肉を並べ入れます。火加減しながら焼きつけ、表面に香ばしい色がついたら（くれぐれも焼きすぎないように）、器に取り出しておきます。同じフライパンにサラダオイルを薄くひいて、玉ねぎを入れ、軽く透き通るまで炒めます（しんなりさせては炒めすぎ）。豚肉をもどし入れたら合わせ調味料を加え、菜箸で大きく混ぜながら炒め合わせます。アルコール分が飛んでいい香りがし、つやつやになったらできあがり。

12
月

わが家のおでん

じゃが芋（メイクイン）4個　大根⅓本　つみれ6個　さつま揚げ4枚　ゆで卵4個　ちくわ（大）2本　コンニャク1枚　結び昆布　だし汁　その他調味料（たっぷり4人分）

行きつけの飲み屋のおでんがあまりにおいしく、今まで私が作っていたおでんとは大違いだったので、私流に作り方を極めました。お店の旦那さんに聞いたら、なんとだし汁と塩と酒だけしか入っていないとおっしゃるのです。

大根は3センチ厚さに切って皮をむき、水から下ゆでします。コンニャクは三角に4等分し、これも水から下ゆで。ちくわはおでん用の大きくて太いものを斜め半分に切ります。メイクインは丸ごと皮をむき、軽く水にさらしておきます。大鍋にだし汁1.5リットル、酒½カップ、塩小サジ1を加えていちど沸かします。用意した具をすべて加えてフタをし、弱火にします。ごく弱火のままメイクインと大根がやわらかくなるまで4～5

時間煮込みます。たいていの煮物は最初は強火で沸騰させますが、おでんだけは最初から弱火で、ぜったいに煮立たせないように。これが澄んだ煮汁にするコツです。時間はかかるけれど、この方法で作ると煮くずれないし、それぞれの素材の味が独立して残ります。具は、あまりいろいろ入れすぎない方がうまくいきます。さらに火を止めてひと晩おくと、味がしみてますますおいしいので、誰かが遊びにくる日は、前の晩から煮込んでおくといいと思います。溶き辛子をつけながら食べましょう。

豚肉と白菜のトウチ蒸し煮

豚バラ薄切り肉250g　白菜¼個　にんにく1片　トウチ　トリガラスープの素　その他調味料（2人分）

スープも水も加えずに、白菜だけの水分で蒸し煮します。出てきた汁に水溶き片栗粉でとろみをつけても、つけなくても、それはお好みで。とにかく煮汁がおいしいので、ご飯にかけて食べたくなります。トウチは、麻婆豆腐でおなじみの中華調味料です。独特の香りがありますが、ちょっと加えるだけで本格的な味になります。半年くらいはもつものなので、空きビンに入れて冷蔵庫に常備しておくといいと思います。

豚肉は10センチくらいの長さに切り、すりおろしたにんにく、塩小サジ½、酒大サジ2、刻んだトウチ大サジ1をもみこんでおきます。白菜はたて半分に切ってから、豚肉と同じくらいの長さに切り、水を張ったボウルでざっと洗います。ここまでが下ごしらえ。厚手の鍋を用意し、ザルに上げてさっと水けを切った白菜と、豚肉を交互に重ねていきます。いちばん下と上に白菜がくるようにして（入りきらない分はとっておく）、ごま油大サジ1、トリガラスープの素ひとつまみを上からふりかけ、フタをして強火にかけます。沸いてきたら弱火にし、コトコト気長に煮込んでください。かさが減ってきたら、残りの白菜も加え、とにかく白菜がくたくたに煮えるまで放っておくのです。スープを飲んで味を確かめ、コクがほしいと思ったら、もうしばらく煮込んでください。仕上げに黒こしょうをひいてできあがり。あれば、香菜のざく切りをふりかけてもおいしいです。

鶏ともち米のお粥

もち米½カップ　鶏骨つきぶつ切り肉（水炊き用）600g　にんにく1片　生姜2片　長ねぎ（青い部分）1本　黒粒こしょう10粒　その他調味料（3〜4人分）

日記では丸鶏を半分に切って使っていますが、ここでは気軽に作れるように、水炊き用の鶏肉でやってみました。もち米というのは、本当にいい味を出してくれる調味料のひとつなのだなぁと感心するような、滋味深い味わいです。くたびれた時やお酒の後などに、ぜひコトコト煮込んでみてください。

鍋はできるだけ大きく、そのまま食卓に出せるものを用意します。鶏肉をボウルに入れ、すりおろしたにんにく、塩小サジ1、ごま油大サジ1をもみ込みます。もち米はザルに入れてざっと洗っておきます。鍋に鶏肉を入れ、酒½カップ、生姜、長ねぎを加え、かぶるくらいの水（1.4リットルが目安）を注いで強火にかけます。沸いてきたらアクをきれいにすくって弱火にし、黒粒こしょうともち米を加えて煮込みます。スープの水面は静かな状態です。温度が上がりすぎて吹きこぼれないように、フタは少しずらしてのせてください。アクや脂が出てきたら時々すくい、そのまま小1時間煮込みます。もち米がやわらかく煮えたら火を止め、長ねぎと生姜を取りのぞきます（粒こしょうは食べられるので残しておく）。器によそって、塩やナンプラーで好みの味つけにし、黒こしょうをひいていただきます。すりごまをふりかけたり、香菜をのせたり、すだちをしぼってもおいしいのですが、まずは塩味だけのものを味わってみてください。

ブリかま大根

ブリかま500g　大根½本　生姜　その他調味料（4人分）

ブリかまの新鮮なものをみつけたら、みっちり太った冬の大根と合わせ、ブリかま大根を作りましょう。骨のまわりについた身はやわらかく、脂がのってとてもおいしい。煮汁が残ったら冷蔵庫に入れておくと、翌日にはにこごりになって、日本酒のつまみにオツなものです。

ブリかまは、切ってなければ大きめの乱切りにし、水をたっぷり張ったボウルに入れます。血のかたまりの目立ったところを取りのぞき、ざっと洗い流してザルに上げます。熱湯を沸かし、ブリかまにまわしかけて生臭みを取ります。鍋に移し入れ、酒½カップと軽くかぶるくらいの水を入れ、皮ごと5ミリ厚さに切った生姜2枚、醤油大サジ6、きび砂糖大サジ3、みりん大サジ1を加えて強火にかけます。煮立って、アクが出てきたらきれいにすくい取り、皮ごと大きめの乱切りにした大根を加えます（大根を加えた時に、煮汁がひたひたになっているように。かぶるくらいでは水っぽくなってしまいます）。ふたたび沸いてきたら落としブタをし、中弱火で煮ます。中くらいの泡がポコポコ出ているくらいの火加減です。魚を煮る時は、わりと強めの火。弱火で煮ると、どうしても生臭さが出てしまうので注意してください。煮汁が煮詰まって大根がやわらかくなり、おいしそうなあめ色になったらいちど火を消します。生姜をたっぷりせん切りにし、水にさらしてしばらくおき、針生姜を作ります。食べる前にブリかま大根を温め直し、器に盛って針生姜をふわっとのせます。

地鶏のもも焼き

地鶏の骨つきもも肉（380gくらいのもの）2本　ほうれん草½束　ガーリックパウダー　パプリカパウダー　白ワイン　バター　その他調味料（2人分）

うちの近所のスーパーには、宮崎県産の霧島鶏という地鶏が売っています。ふたりだけのクリスマスに丸ごとの1羽は大きすぎるけれど、大きなもも肉にかぶりつきたいのです。そこで、地鶏の骨つきもも肉の登場。肉づきがよく、ごちそう感もたっぷりで、ちょうどころ合いなのです。一般的な大きさの鶏のもも肉だったら、塩の量を減らして作ってみてください。

まず、鶏もも肉の裏側に、骨に沿って切り込みを入れます。塩（1本につき小サジ½弱）を切り込みの中までよくすり込み、皮目にもすりつけます。ガーリックパウダー、パプリカパウダーも全体に軽くまぶし、20分ほどそのままおきます。その間にオーブンを220度に温めておきます。ほうれん草は根元に切り込みを入れて水に浸け、泥をよく落とします。4センチ長さに切ってまた水にもどし、炒める寸前にザルに上げておきましょう。鉄のフライパンを強火にかけ、オリーブオイル大サジ½を熱します。もも肉を皮目から並べて入れ、香ばしい焼き目がついたら返します。裏面も軽く焼きつけたら白ワイン¼カップを加え、アルコール分を飛ばしてからオーブンに入れます。20分ほど焼いて、身のいちばん厚いところに金串をさし、透明な肉汁が出てきたら焼き上がり。別のフライパンにバター15グラムを熱し、ほうれん草を炒めます。軽く塩、こしょうをして器に盛り、焼きたての鶏肉を盛り合わせます。焼き汁をたっぷりまわしかけてできあがり。

*焼き汁に生クリームを加え、少し煮詰めても濃厚なソースになります。

浸し黒豆のサラダ

浸し黒豆　キャベツ　胡瓜　人参　ルッコラ（クレソンでも）
玉ねぎドレッシング　だし汁　その他調味料（2人分）

浸し黒豆は、冷蔵庫にいつもあると嬉しい作りおきです。お正月用にこしらえた残りに、たまたまあった玉ねぎドレッシングをかけてワインのつまみにしてみたら、とても好相性なのを発見しました。浸し黒豆自体は和風なのに、マリネのような雰囲気になるのです。他の生野菜と組み合わせ、朝ごはんのサラダとしてもよく食べています。浸し黒豆をおおまかにつぶし、ブルーチーズと合わせてディップにするのもおすすめです。

まず、浸し黒豆のレシピから。黒豆1袋（300g）をひと晩水につけてもどします。翌日、もどし汁は捨てずに、黒豆がかぶるくらいの量に水を調整して、さし水をしながら（アクもとりながら）やわらかくなるまで弱火で1時間ほどゆでます。鍋にだし汁2と½カップ、酒大サジ2、醤油½カップを合わせて煮立て、浸し汁を作ります。浸し汁が熱いうちに、ゆでたての黒豆を浸けます。すぐに食べられますが、容器に移し、粗熱がとれたら冷蔵庫で保存しましょう。浸し黒豆として、和風に食べる時には汁ごといただきますが、洋風の場合は汁は少なめにするか、汁けを切ってから盛りつけてください。うちでよく作るサラダは、キャベツでも胡瓜でも人参でも、それぞれ薄味の塩もみにしておき、しんなりしたら器に盛り合わせます。ルッコラやクレソンを添え、浸し黒豆を好きなだけちらして、玉ねぎドレッシング（77ページ）をまわしかけます。仕上げに黒こしょうをひくのも忘れずに。

長ねぎのマリネ

長ねぎ（白い部分）1本半　コンソメスープの素　ローリエ　黒粒こしょう　玉ねぎドレッシング　その他調味料（作りやすい分量）

寒さも本格的になったころ、白い身が透き通り、プリッと太った長ねぎが出てくると、思い出したように作ります。レシピはとても簡単。厚手の鍋にフタをして、少なめのスープでくったりと蒸し煮するだけ。ドレッシングをかけて食べるのですが、できたての温かいものも、冷蔵庫で冷やしておいたものも、どちらも甲乙《こうおつ》つけがたいおいしさです。私は洋食屋さんのサラダについてくるような、白アスパラの水煮缶が大好物で、ちょっとそれとも似た味がするのです。生ハムやスモークサーモンと盛り合わせると、さらにごちそうに。残った煮汁にもねぎの甘みが出ているので、とっておいてスープに加えたりしています。

では、作り方です。まず、長ねぎを鍋の底の幅に合わせて切ります。できるだけ重ならないように、すき間なく鍋に並べてください。ねぎの表面が少し顔を出すくらいのひたひたの水（1カップが目安）を注ぎ、刻んだコンソメスープの素1/4個分、ローリエ1枚、黒粒こしょう3〜4粒をのせ、塩をひとつまみふってフタをし、中火にかけます。煮立ったら弱火にし、ねぎが透き通って箸先でスーッとほぐれるくらいのやわらかさになるまで30〜40分煮ます。ここで煮すぎてしまっても、味はそれほど変わらないけれど、スープが煮詰まらないように気をつけてください。ねぎを長いまま器に盛りつけ、玉ねぎドレッシング（77ページ）をかけ、黒こしょうをひきます。繊維に沿ってたてにナイフを入れ、フォークに巻きつけ食べてください。

ブロッコリーのスパゲティ

スパゲティ200g　ブロッコリー1株　にんにく1片　カツオの酒盗大サジ1と½　溶けるチーズひとつかみ　その他調味料
（2人分）

カツオの酒盗をにんにくとともにオリーブオイルで炒めると、アンチョビそっくりの味になります。このパスタのポイントは、ブロッコリーをやわらかめにゆでること。フォークでくずし、スパゲティにからめながらいただきます。スパゲティをザルに上げる時、盛りつける器の上からゆで汁をかけて温めておくのも大事なポイントです。

にんにくはみじん切りに。ブロッコリーは小房に分け、茎の部分の皮をむいて、ひと口大に切ります。大きめの鍋にたっぷりの湯を沸かし、塩を加えてスパゲティをゆではじめます。フライパンにオリーブオイル大サジ4とにんにくを入れ、弱火で炒めます。この時フライパンを傾け、オイルの池を作って炒めるとよいと思います。にんにくの香りが立ったら、カツオの酒盗を加えてざっと混ぜ、スパゲティがゆで上がる直前まで火を止めておきます。スパゲティがゆであがる5分ほど前にブロッコリーを鍋に加え、いっしょにゆでます。再びフライパンを強火にかけ、オイルがフツフツしたらゆで汁大サジ3を加えて混ぜ、乳化させます。スパゲティとブロッコリーがゆで上がったら、ザルに上げて水けを切り、フライパンに加えて合わせます。チーズをからめ、黒こしょうをひいてできあがりです。

姉の家の年越し蕎麦

ゆで蕎麦　トリガラ　干し椎茸　かつお節　鶏もも肉　人参　干し椎茸　長ねぎ　その他調味料

東京にいたころの年越し蕎麦といえば、スイセイの好物の会津の「裁ちそば」と決まっていました。ゆでたてをザルに上げ、冷たいつけ汁とワサビ、海苔、刻みねぎ、大根おろしやとろろ芋を添えていました。毎年、除夜の鐘が鳴りはじめるのを合図に、台所に立っていたっけ。あのころはいつも吉祥寺の自宅で新年を迎えていたので、暮れに実家に帰省することは、いちどもなかったと思うのです。日記にも書いた通り、姉が届けてくれた懐かしい年越し蕎麦は、本当に何十年ぶりかで食べました。姉のは鶏肉ですが、母はいつも、豚のバラ肉を人参と同じくらいに細く切っていました。みなさんのおうちでも、こだわりの年越し蕎麦があると思いますが、ここでは、姉から届いたメールをそのままレシピとさせてくださ い。分量などはご想像におまかせします。

「これは、私が嫁いだときから変わらない、義母より受け継いだわが家の年越し蕎麦のレシピです。だしは、トリガラとかつお節と干し椎茸のもどし汁。もちろん、化学調味料やだしつゆの力も借りているけどね。具は、鶏もも肉のコマ切れと、干し椎茸のせん切り、人参のせん切りをたっぷり。あと、酒、みりん、砂糖、醤油、塩少々。蕎麦は決まった蕎麦屋さんから、毎年、義弟が20玉差し入れてくれるの。生の桜エビが手に入ったときには、ねぎとのかき揚げをたくさん揚げておきます。刻みねぎもたっぷりね。ヨッちゃん(旦那さん)は天かすが必需品。うちの年越しと新年会では、これを楽しみにして、〆に必ず食べる人が多いから、足りなくなって追加注文することもあるほど。なんか得意になって書いていたら、40年近く自分なりにこだわってきたんだなぁと感心しちゃったよ。」——姉より

牡蠣ご飯

米2合　生牡蠣（加熱用）200g　だし昆布5㎝角1枚
粉山椒　その他調味料（4人分）

冬はやっぱり牡蠣。ひとり暮らしでも、年にいちどは牡蠣ご飯が食べたくなります。日記によると、その日はちょうど生姜を切らしていて、炊き上がりに粉山椒を混ぜ込んでいます。鰻にふりかけるくらいだから、牡蠣にも合うんじゃないかと思ったんです。これが目新しい味で香りもよく、いっしょに食べた編集者さんにとても喜ばれました。残った牡蠣ご飯はラップに包んでとっておき、セイロで温め直して食べるのもお楽しみ。今思いついたのですが、ドリアにしてもおいしそうです。ほうれん草か蕪の葉を多めのバターで炒めたところに、薄力粉をふり入れ、粉っぽさがなくなるまで炒めたら、牛乳を加えて木べラで混ぜながらフツフツ煮込んでホワイトソースに。牡蠣ご飯の上にかぶせ、チーズをたっぷりふりかけてオーブンで焼くのです。ホワイトソースには、信州みそのようなクセのないみそを、ほんの少しかくし味に加えてもいいかもしれない。こんど、木枯らしの吹く日にためしてみようと思います。

米はといで炊飯器の内釜に入れます。酒大サジ2、薄口醤油小サジ2、塩小サジ½、ごま油大サジ½を加えたら、水を注いで目盛りに合わせ、軽く混ぜます。昆布をのせて30分ほど浸水させ、スイッチオン。牡蠣は海水くらいの塩水でさっと洗い、ザルに上げます。炊飯器からポコポコと音がして煮立ちはじめたら、フタを開け、米の上に牡蠣を広げてのせます。すぐにフタを閉め、そのまま炊き続けます。炊き上がったら10分ほど蒸らし、昆布を取りのぞきます。昆布は細く切って、もどし入れましょう。粉山椒をふりかけ、牡蠣がつぶれないよう気をつけながら、さっくりと混ぜてください。

白菜入りチャーハン

冷やご飯　ロースハム2枚　白菜1枚半〜2枚　カレー粉　トマトケチャップ　ウスターソース　目玉焼き1枚　その他調味料（1人分）

ご飯粒よりも白菜の量の方が多い、カレー風味のソースチャーハンです。白菜のかわりに、大根や蕪をご飯粒よりも少し大きめのさいの目切りにしてもいいし、ハムがなければウインナーでも、ひき肉でも、ちりめんじゃこでも、ちくわでも、冷蔵庫にあるもので作ってください。私はチャーハンにのせた目玉焼きの黄身をくずしてウスターソースをかけ、一味唐辛子をふってピリッとさせるのが好き。ソース焼きそばを食べる時といっしょです。うちではいつも、冷やご飯はラップに包んで冷蔵庫で保存していますが、チャーハンにする時には、ラップの上から手でご飯をバラバラにほぐしてから炒めています。そうすると早く火が通るし、ご飯粒どうしがくっついて団子になりません。

では、作り方です。冷やご飯は冷蔵庫から早めに出しておきます。ハムは1センチ角、白菜は白い部分と葉に分け、白い部分は5ミリ角に、葉はハムと同じくらいの大きさに切ります。フライパンを強火にかけ、サラダオイル大サジ1弱を熱してハムをさっと炒めます。冷やご飯をほぐしながら加え、フライパンに広げるようにしながらよく炒めます。ご飯に火が通ったら、白菜の白い部分を加えて炒めます。しばらくしたら葉も加え、炒め合わせます。カレー粉小サジ½をふり入れて軽くなじむまで炒め、ウスターソース大サジ1と、トマトケチャップ少々をかくし味ていどに加え、全体に混ぜます。器に盛り、半熟の目玉焼きをのせてできあがりです。

ロシア風パンケーキ

ホットケーキミックス100g　ドライイースト小サジ¼　卵1個
牛乳200ml　その他調味料（直径13㎝×5枚分）

絵本『ロシアのごはん』には、ブリヌイというロシアのパンケーキレシピが可愛らしい図解入りで載っています。溶き卵、砂糖、塩、人肌に温めた牛乳、ドライイースト、やわらかくしたバターをボウルに入れたら、ふるった小麦粉を少しずつ加えて混ぜ、ラップでおおって温かいところで発酵させる。それがあまりにもおいしそうで、家にあったホットケーキミックスでためしてみたのがこのレシピのはじまり。ポイントは、いつものホットケーキよりもやわらかめの生地にすること。イーストのおかげで膨らみやすくなるのか、フライパンの底を濡れ布巾で冷やしたりしなくても、フワッと軽やかなのが失敗なく焼けます。私はいちどに焼いて、密封ポリ袋で冷蔵保存しておき、朝ごはんでもおやつでも、食べたい分だけお皿に出して、室温にもどしては楽しんでいます。近ごろは、「いかりスーパー」のホットケーキミックスが手ごろな値段でクセもなく、気に入っています。

ボウルに卵を割り入れて泡立器で溶き、牛乳を加え混ぜ、ドライイーストをふり入れてよく溶かし混ぜます。ホットケーキミックスを二度に分けて加え、だまがなくなるまで泡立器でよく混ぜます。30度くらいの温かいところに30〜40分置き、ふつふつと軽く膨らんできたら発酵生地のできあがり。サラダオイルを薄く塗った弱火のフライパンに、お玉1杯分の生地を流し入れます。小さな気泡が表面いっぱいに出てきて、きれいな焼き色がついたら返し時。裏面も軽く焼いてください。同様にして残りの生地も焼きます。

メニュー・収録巻一覧

日＝『日々ごはん』
帰＝『帰ってきた日々ごはん』
丸囲みの数字は巻数です。

本書は、『日々ごはん』①〜⑫、『帰ってきた日々ごはん』①〜⑫に掲載された「おまけレシピ」を、加筆修正して一冊にまとめたものです。なお、二〇一〇年一月〜二〇一二年三月までの日記は、『今日もいち日、ぶじ日記』『明日もいち日、ぶじ日記』（新潮社）に出張していたので、その期間の記録は含まれません。

高山なおみ

一九五八年静岡県生まれ、料理家、文筆家。レストランのシェフを経て料理家になる。料理と同じく文章もからだの実感に裏打ちされ、多くの人の共感を生む。二〇一六年、東京・吉祥寺から神戸へ住まいを移し、ひとり暮らしをはじめる。本を読み、自然に触れ、人とつながり、より深くものごとと向き合いながら、創作活動を続けている。

著書に、日記エッセイ『日々ごはん』『帰ってきた日々ごはん』シリーズ（アノニマ・スタジオ）のほか、料理本『野菜だより』、『おかずとご飯の本』、『今日のおかず』、『チクタク食卓㊤・㊦』（以上アノニマ・スタジオ）、『料理＝高山なおみ』（リトルモア）、神戸での暮らしを背景にした『自炊。何にしようか』（朝日新聞出版）、『気ぬけごはん2』（暮しの手帖社）、『日めくりだより』（扶桑社）、『本と体』（アノニマ・スタジオ）、絵本に『おにぎりをつくる』『みそしるをつくる』（写真・長野陽一／ブロンズ新社）などがある。

絵　高山なおみ
写真　上山知代子
装丁　川原真由美
編集　村上妃佐子（アノニマ・スタジオ）

暦《こよみ》レシピ

2023年1月22日　初版第1刷発行
2023年3月7日　初版第2刷発行

著者　高山なおみ

発行人　前田哲次
編集人　谷口博文
アノニマ・スタジオ
〒111-0051　東京都台東区蔵前2-14-14 2F
TEL.03-6699-1064　FAX.03-6699-1070
発行　KTC中央出版
〒111-0051　東京都台東区蔵前2-14-14 2F

印刷・製本　シナノ書籍印刷株式会社

ISBN978-4-87758-842-7 C0077

アノニマ・スタジオは、
風や光のささやきに耳をすまし、
暮らしの中の小さな発見を大切にひろい集め、
日々ささやかなよろこびを見つける人と一緒に
本を作ってゆくスタジオです。
遠くに住む友人から届いた手紙のように、
何度も手にとって読みかえしたくなる本、
その本があるだけで、
自分の部屋があたたかく輝いて思えるような本を。